生死隨業

惟明法師開示語錄 1

阿含經選粹

這本書的內容不管錄自佛經祖語，或是作者自己因有感而發之言論，
用字無不力求簡潔，釋義無不盡量明晰，
讀來自然給人一種平實親切的感覺！

惟明法師——著

辛未年初春

慈航普度

龍華寺方丈明暘

法海點滴出版

法海甘露點滴清涼
普霑法益歸命覺王

悟明題

目錄

附錄

真華法師序

由於過去二十年來，經常參與傳戒、教學、弘法等活動，對於年輕一代的出家衆，我認識的不少；並且在這些不少的青年人（現已大多進入中年）中，也多少知道一些他們修學所趣向的途徑，以及其性格等。因此，我深深的感到值此末法時代，青年人修學佛法，如果沒有良師益友的常相扶持，望其具正知見，發長遠心，死守善道，始終不渝，受得清淡，耐得寂寞，離諸偏執，獲大成就，的的確確是一件不易的事！

比如說：有些青年人，在出家受戒後，初發心修行時，精進勇猛得不得了，恨不能馬上就了生脫死。但因其沒有善知識的引導，自己又不知依行起解，於是盲修瞎煉了一陣子，結果好像洩了氣的皮球，再也鼓不起來了！還有些青年人，自以爲在出家前曾受過某種教育，國學根柢不錯，於出家受戒後便自個關起門來，廢食忘寢的向故紙堆裡猛鑽，恨不能一口把三藏教典吞進肚子，大開圓解，作人天師。但因其没有善知識的引導，自己又不知依解起行，於是說食數寶了一陣子，結果好像斷了線的風箏，再也昇不上去了！更有些青年人，雖很幸運的遇到了善知識，跟盲龜在大海裡遇到了浮木孔一樣，加上自己的努力，過了些時得到少許解行相應。但因其我執深固，法執堅强，凡有所作，又顯得傲慢自大，高人一等，目空一切，不可一世的樣子，結果自然是令人不敢恭維，或是敬鬼神而遠之了！此外，也許還有些青年人；出家受戒後，依佛言教，以戒爲師，虛懷若谷，卑以自牧，自修自學，有行有解，安貧道樂，卓然有成者；但以我所知道的，則僅見之於惟明法師！

其實，我與惟明法師相識雖已十有餘年，因他行如野鶴，居無定所，卻數年也難得一見。可能是因我在觀察他時學了點孔老夫子「觀其所行，察其所安，人焉廋哉？人焉廋哉？」的本領吧，所以對他知之特詳。有一次我們晤面，因見他在道上愈有進步，似乎就愈堅固了他「守道老死丘壑」的決心。於是我勸他說：「今後佛教的興亡，責任在我們出家佛子的肩膀上！現在正是法弱魔强，邪說肆橫的時候，你實在應該發發大心，走出山林，進入都市或鄉村，把自己修學所得，隨緣布施衆生，不要老住在『雲深不知處』的地方，作自了漢了！」當時他聽了默不作聲，近日才來信說：「記得法師曾勉勵惟明爲教盡力。然稟性拙訥，爲一十足啞羊僧，至感慚愧！」古德有言：「物暴長者必夭折；功速成者必易壞；不推久長之計，而造卒成之功，皆非遠大之資。夫天地最靈，猶五載再閏，乃成其功，備其化；況大道之妙，豈倉卒而能辦哉？」惟師的謙稱爲啞羊，韜光養晦於山林，我想也許是因爲受了這古訓的影響吧？

萬未料到，這位自稱「啞羊」的息影山林者，竟突然在八月中旬的某日，從南投一山寺中打來長途電話，要我爲他的大著「法海點滴」寫一篇序。當時，雖因推辭不掉答應了他，但及至看完他寄來的文稿，則又感到後悔不已！因爲在他這部約十五萬字的作品中，發現他不僅是在佛學上的造詣使我望塵莫及，文字之美更非我所能比擬，何況這還是他五年前的舊作，目前的成就不是更上層樓了嗎？不學如我那有資格給他寫序呢？但繼之一想，既已答應了人家，豈可食言？是故祇好搜索枯腸，執筆苦思，獻醜一番了！

平心而論：「法海點滴」一書中，內容雖多係錄自佛經祖語，卻是著者把那些佛經祖語，全部細嚼爛嚥，消歸自己以後，所吐露出來的心聲。不然，他絕不可能在每錄一段佛經祖語，即畫龍點睛似的，加上幾句評注或發人深省的感歎之言，而立刻使那些佛經祖語所蘊藏的妙義，活潑潑的躍然紙上！為了證明此點，這裡且舉幾則例子，來與讀者共賞：

一、如37（一四三）頁，著者於摘錄雜阿含卷五和卷三七，述及尊者舍利弗為諸比丘和給孤獨長者說微妙法『大師唯說調伏欲貪』時，寫道：「佛與衆生同稟一真如性，此真如之體寂而常照，照而常寂，無始以來未曾變異；好比明鏡，雖能映現萬物，而永不與此幻影和合。諸佛聖賢，明達此理，守此自性，故得享無生大樂，和隨緣度脫衆生。凡夫則不然，貪染塵境，捨鏡體而取幻影，隨幻影而起憎愛之情，於無生中，妄受生死大苦。今欲出離生死，亦至簡單，但調伏欲貪，不認六塵緣影為心，但對鏡中的幻影不再馳逐，自然妄盡真露，自然『生滅滅已，寂滅現前！』」

二、如11（四十七）頁，著者於摘錄增壹阿含卷二三，述及佛陀修行『六年寒徹骨，心苦有誰知』的一節時，寫道：「世尊刻苦修行以至於斯，令人心酸，亦令人感極而泣！世尊本所誓願：『吾所願者，無憂畏處安隱恬泊涅槃城中，使此衆生流浪生死，沈翳苦惱者，導引正路。』而今正法消沈，無上妙理淪與鬼神為伍。世尊，末法佛弟子太辜負您了！太對不起您了！」

三、如54（二〇九）頁，著者於摘錄雜阿含卷一三，述及佛陀與富樓那的對話『聲聞慈與菩薩慈』的一節時，寫道：「一般人多以為聲聞學者唯求自了，不肯涉俗度生，實則並不盡然；聲聞乘中亦有菩薩根機的，如阿難、富樓那等，即其中佼佼者。」又寫道：「反觀自詡為大乘的我國佛教，『菩薩』精神喪失殆盡：或厭穢忻淨，置此土衆生於不顧，或棄有著空，自以為無衆生可度；更有等而下之的，遇名利則互相奔競，遇外侮則彼此『龜縮』，此豈菩薩精神？」

像以上這類精闢的闡理之說感歎之言，書中俯拾皆是，不勝其多。如讀者能摒除雜念，專心玩索，「如人飲水，冷暖自知」之味，必然深得！

同時，最難得可貴的是：這本書的內容不管錄自佛經祖語，抑是著者自己因有感而發之言論，用字無不力求簡潔，釋義無不盡量明晰，讀來自然給人一種平實親切之感！這如與時下教界一些出版物，只講字多，不求切實，看似汪洋灑灑數十萬言的皇皇巨著，實則金玉其外，敗絮其內，廢話連篇，不忍卒讀者相比，真有著霄壤之別了！因爲字多而義不精的作品，恰如沖淡了的牛乳，看似乳色，食卻無味！並且這種淡而無味的貨色，對讀者的時間、金錢、精神等固然是無謂浪費，而作者自己如執著己見，壞亂佛法，就更是罪過了！關於這點，唐道宣律師曾有批評說：「古者大德講華嚴經唯一卷疏，於後法師作三卷疏；今時講者十地一品出十卷疏。……文字浩博，寄心無所！然文者當體即義，何須人語？」接著他老又引證云：「經文是一，講者異說，各恃己見，壞亂正法，天神瞋故，三災俱起！以是因緣，佛法淡薄；如一斛水，解一升酪，看似酪色，食即無味」！「法海點滴」的著者，可能早已看透了這種弊病，所以他來信說：「本書係以佛經祖語爲骨幹，不敢師心自用，當可免謬誤說法之咎。」善哉善哉，好極妙極，這兩句話不啻午夜警鐘，必可驚醒喜著書立說，而又好「師心自用」者之迷夢！

書共分上、中、下三編：上編爲「閱經錄片」，收文共六十篇；中編爲「珠璣集」，收文加附錄共二十五篇；下編爲「禪悅錄」，收文加附錄共六篇。這三編九十一篇文章，皆爲著者自民國五十三年至六十三年，於禪觀之餘，所寫的讀經心得，見聞感言，以及破邪顯正之作，且曾以不同筆名在「菩提樹」、「覺世」、「獅子吼」等教內刊物上發表；發表期間，因國人習性多喜簡略，大家又都生活在分秒必爭的工業社會裡，一讀到這種文字精簡，內容充實的作品，無不歡喜讚歎！是以同參道友再三促請著者彙集成書，以廣傳佈！著者亦覺唯有弘傳正法，始能報佛深恩，遂著手開始整理，並交由日月潭玄奘寺出版。起信論云：「是諸佛法，有因有緣，因緣具足，乃得成辦。」著者弘法利生之心，因也；師友樂於助成之舉，緣也；玄奘寺出資印行，則因緣具足，乃得成辦也。至於書名所以用「法海點滴」者，乃因書中所載雖僅佛法大海中之點點滴滴，然由此點點滴滴則不難進取佛法大海中之無量寶藏；更何況妙法一滴，原是起死回生之甘露，能令服者人人自在，個個安隱呢！

民國己未年八月廿五日　真華序于臺北之指南山

自序一

生從何來？死往何去？為人生最迫切需解決的問題！試一閉目，前際茫茫，後際墨墨，何處是吾人安身立命之處？生死大事為根本，飲食男女乃至利名家國為枝末；根本問題不獲解決，則一切枝末落空！

然，為何有此生死輪迴現象？現前迷惘的身心世界由何而起？曰：由眾生迷失真心，隨逐妄想而起！譬猶清淨的水（即真心），為灰土等雜質（指煩惱妄想）所污染（真妄和合），遂現此混濁狀貌（各各有情的根身），和不可樂現象（濁水苦澀猶老、病、死等八苦）。

由以上譬喻，我們可以明白，眾生由於背覺合塵，故有此生死流轉，今欲返本還源，也唯有自背塵合覺下功夫！亦即：混濁的水（六道眾生），須經沈澱、過濾等過程（修戒定慧三無漏學），俟水質純清淨白（朗然大覺，常、樂、我、淨）即大功告成（成佛）。

同時，佛法如大海，愈入愈深，進一步我們可以觀察到：真如不變隨緣，隨衆生煩惱的厚薄，而有右述的昇沈互見（猶水隨污染程度顯現不同形狀顏色）；復由真如隨緣不變，佛與衆生雖迷悟之有殊，而現前一念覿體無二（水雖混濁，然此水性究與灰土等雜質性離；亦猶虛空雖爲雲霧所翳，然此虛空終不更動絲毫；鏡花，水月，均可爲喻），苟起真正觀照，一念即至佛地（昔本無迷，今亦無悟；體自如如）！世尊菩提樹下睹星悟道，首先明見斯理（在此之前，六年苦修，雖行的是背塵合覺功夫，仍屬漸修），以後禪宗燈燈相傳，皆奠基於此！佛爲一大事因緣出現於世，不外以此頓漸二種法門，使衆生翻迷啓悟，脫出苦海。

「法海點滴」係由筆者的閱經札記，學佛心得等彙編而成，內容散漫無章，屬隨筆性質，然其重點則在闡發右列要義。

本書分上中下三編。上編「閱經錄片」，內容以阿含經爲主，在每擷錄一段經文後，附有筆者的一些心得感想。中編「珠璣集」，係將佛經祖語精簡部分，加以分門別類；屬於閱經札記。下編「禪悅錄」，爲筆者較早時期的學禪心得，內容多引證祖師語錄。筆者一向疏於文墨，且所閱讀過的經典也極爲有限，但以佛恩難報、信施難消，且經律中有「剝皮爲紙，析骨爲筆，書寫經典」的訓喻，古德有「半偈亡軀，一句投火」的求法精神，是以不得不勉，遂斷斷續續集成這一冊子，自覺深度、廣度均不夠，然意在接引初機，使對正法生起欣求之心；尚望博達之士，賜予教正。

書成，蒙真華老法師於百忙中撰序，悟明老法師題字，法振法師設計封面，增光篇幅，併致謝意。

民國六十八年九月五日　釋惟明于埔里

自序二

釋尊於菩提樹下，睹星悟道，嘆曰：「奇哉！奇哉！一切衆生具有如來智慧德相，但以妄想執著，不能證得。」自是演揚種種妙法，解黏去縛，令脫苦輪。佛爲法王，於法自在，以種種譬喻，開闡顯發。雜阿含經卷四十九，有天子說偈問佛：

「車從何處起？誰能轉於車？
車轉至何所？何故壞磨滅？」

世尊說偈答言：

「車從諸業起，心識轉於車，
隨因而轉至，因壞車則亡。」

此段對答，以車的生起、壞滅，來形容衆生生死流轉、還滅過程。

生死根源，起於無明！

云何無明？

「不知是無明。」（雜阿含經）

「不了第一義故，名曰無明。」（華嚴經）

「以不達一法界故，心不相應，忽然念起，名曰無明。」（大乘起信論）

——更親切的形容，出於『大梵天問佛決疑經』：大梵天王以金色波羅花獻佛，請佛説無上大法，世尊登座，拈花示衆，時聽法大衆，悉皆罔措——當面蹉過，即此是無明！

由此可知，生死本空，一道晴虛！現前果報身之所由來，由於前世起惑（惑、無明義同：迷失自心）、造業（身、口、意業），招感而來（心識入胎、發育、成長）。如不能覷破虛妄，則今生根境相對時，復生愛、取（起惑），業力成就，又感來生果報（苦）。如是惑業苦三（推展開爲十二因緣），循環不息！

——可作如是譬喻：如人在家，安穩無事（禪家曰：父母未生前本來面目），才步出門外（瞥起妄念，落入心識——真妄和合，即第八識。變現根身、器界、種子；車之譬喻，於焉形成），顯現車子（色身），御車之人（精神作用：受、想、行、識），路線景觀（依報環境），迷其所由，馳騁於諸道中（法身流轉六道，名曰衆生）！形形色色的車輛、道路（胎生、卵生、濕生、化生等，及其依報環境），構成一幅壯闊的輪迴圖（無明妄動，隨業遷流）！此即偈言的「車從諸業起，心識轉於車，隨因而轉至」。在流浪過程中（循業發現），嚐到種種的悲歡離合（身心、環境、人事的遷變逼迫：即八苦）。復因憎愛取捨（煩惱：即惑），結下種種恩怨（善業、惡業、別業、共業）。在行馳告一段落，車毀人亡（一期報盡，八識——俗稱靈魂，離體），由於無明、愛未斷，隨其因緣——業力，新的車子、駕車之人、路線，又告顯現（八識入胎，另一期生命開始）。如是數數換車，數數更換路線——隨因而轉至！經塵沙劫，無有休息！（龐蘊詩：別淚成河海，骨如毗富山，祇緣塵、識、法，所以遣心然。）

然，如何止息虛妄生死？佛說四聖諦：知苦（車，五蘊身心：無常、苦、空、不淨），斷集（車所由起：惑、業），慕滅（歸家：斷惑證真）、修道（修三十七道品、六度等：因壞車則亡）。指出苦之果、苦之因、苦之滅，以及苦滅之道！然如何滅苦？

——一由無明支下手（心真如門下手：捨識用根），世尊夜睹明星，心光顯發，明生無明滅——諸法自本來，常自寂滅相，惟一不生不滅之體。無車、無駕車之人，亦無路線種種景緻。强名隨緣不變，强名真心，强名實相，强名空……。雪峯曰：盡大地是爾。無業見僧來參，但云：莫妄想。——略顯親切！此法門重參究現前一念，直下知歸（楞嚴經云：知見立知，即無明本；知見無見，斯即涅槃。）禪宗的棒喝、公案、參話頭等等，均指向這點。由於馳求心未息（騎牛覓牛），未悟時千難萬難，一旦豁然，則知：太近！

——一由愛、取支下手（心生滅門下手：轉識成智）：守護根門，調伏內心貪愛。就五蘊身心，逐步做翻染成淨工夫。主要修四念處：觀身不淨、觀受是苦、觀心無常、觀法無我。行八正道：正見、正思惟、正語、正業、正命、正方便、正念、正定。做去妄歸真工作

（猶不再執車爲實在，循歸家路駛去）。又以衆生根有利鈍，迷心（精神）、迷色（物質）有偏重。爲鈍根者（色、心俱迷），說十八界（六根、六塵、六識），爲中根人（迷色），說十二處（六根、六塵）；爲利根者（迷心）說五蘊（色、受、想、行、識）。重重剖析，使不再認假爲真，漸泯身心，無所取著——「因壞車則亡」！證入實相。（離虛妄相，名爲實相。）

以上禪、教二種法門，禪門由內打出，先悟後修（保任）；教下由外攻入，依戒、定、慧遞進。亦即：禪在未跨門前——念未起處著力，並加保任，不使走作。教則按步就班，如浪子回鄉，日日接近家門。（故不立文字、念佛一聲漱口三日，和精通三藏、日持十萬聲聖號，其間並無矛盾。）禪堪稱殊勝法門，教則是修行大道。禪教爲佛教二甘露門，能利益無量衆生，隨其信、解、行、證，得到各各不同的利益。

至於大、小乘的差別：禪、教均是不住色聲香味觸法法門，一體證心性本淨，一拂拭令淨。依此法門，孜孜自修，求出離三界的，爲聲聞乘；依此自修，復能輾轉教他的，即是大乘。所謂自覺（聲聞）、覺他（菩薩）、覺行圓滿（佛），應包括了全部佛法。

●

『法海點滴』初版於民國六十八年，迄今已經十年，其間『普門文庫』、『大乘精舍印經會』曾再版過。本書屬隨筆性質，內容未臻完善，今將重新排印，除將闕漏的幾篇增入外，試述佛法大意，補內容之不足，同時也是一種提要，使本書內容，彼此有個隸屬，方便于閱讀。

民國七十八年（一九八九）十一月十五日　釋惟明于圓明靜室

閱經錄片

1 梵天與上帝

起世經卷第一：「……諸比丘！於梵世中有一梵王，威力最强，無能降伏，統攝千梵自在王領；云我能作、能化、能幻，云我如父；於諸事中自作如是憍大語已，即生我慢。如來不爾。所以者何？一切世間，各隨業力，現起成立……」

●

此寥寥數語，已將神教的「神造萬物」，和佛教的緣起觀，截然劃清。神的觀念，在初民社會中普遍存在，中外皆然。

2 如來在世間應行五事

增壹阿含卷十五：（世尊既度三迦葉，及千事火外道，迴坐向迦毗羅衛）……是時優毗迦葉，即前長跪，白世尊言：「不審如來，何故向迦毗羅衛坐耶？」世尊告曰：「如來在世間應行五事！云何爲五？一者當轉法輪；二者與父說法；三者與母說法；四者當導凡夫人，立菩薩行；五者當授菩薩別（莂）。是謂，迦葉！如來出世，當行此五法……」

淺見之人，見出家人割愛辭親，山林潛修，往往譏之爲逃避責任，漠視孝道。然事實何嘗如此？且如世尊爲父王擎棺，升忉利天爲母說法，自手引火荼毗姨母；此非孝而何？至於說法使父母得道證果，永脫苦趣，那尤非世間小孝所可比擬了。上述如來在世間應行五事，爲父母說法，即占其二，可見佛教是極注重孝道的了。

又四阿含中，很少提到行菩薩道，修菩薩行的事蹟，故小乘學者往往據此非議大乘。實則是根機有別，說法亦異，阿含既是以小乘根機爲對象，少談大乘是必然現象。且只是少談，並非完全不談：上舉當導凡夫人立菩薩行，當授菩薩別，在增壹阿含中凡三、四見；提到三乘十二部的地方，也數見不鮮；尤其在序品中，阿難的言菩薩之行愚不信受，宜另集一分，即「契經一藏律二藏，阿毗曇經爲三藏，方等大乘義玄邃，及諸契經爲雜藏。」故小乘學者的非議，未見其可。至好考證之士，務必審愼從事，小心求證，否則稍有差錯，因果難負！

3 擔的譬喻

增壹阿含卷十七：爾時世尊告諸比丘：「我今當說擔，亦當說持擔人，亦當說擔因緣，亦當說捨擔……

「彼云何名爲擔？所謂五盛陰是。云何爲五？所謂色、痛（受）、想、行、識陰，是謂名爲擔。

「彼云何名爲持擔人？所謂持擔人者，人身是也；字某、名某，如是生，食如是食，受如是苦樂，壽命長短，是謂名爲持擔人。

「彼云何名爲擔因緣？所謂擔因緣者，愛著因緣是，與欲共俱，心不捨離，是謂名爲擔因緣。

「彼云何名爲擔捨離？所謂能使彼彼愛永盡無餘，已除已吐，是謂，比丘！名捨離擔……」

●

佛為法王於法自在，隨舉一例，無不恰到好處。右述譬喻，即將吾人流轉生死之因，和如何還滅等等，用極淺俗的方法，表達無遺。

4 四果喻四種沙門

增壹阿含卷十七：爾時世尊告諸比丘：「有此四果！云何爲四？或有果生而似熟，或有果熟而似生，或有果熟而似熟，或有果生而似生；是謂，比丘！世間有此四果。世間有此四人，亦復如是！云何爲四？或有人熟而像生，或有人生而像熟，或有人生而似生，或有人熟而似熟！

「何等人生而似熟？或有人往來行步不行卒暴，眼目視瞻恆隨法教，著衣持缽亦復隨法，行步視地不左右顧望；然復犯戒不隨正行，實非沙門而似沙門，不行梵行而自言行梵行，盡壞敗正法，根敗之種。是謂此人生而像熟。

「彼人云何熟而像生？或有比丘性行似疏，視瞻不端，亦不隨法行，喜左右顧視；然復精進多聞修行善法，恆持戒律不失威儀，見少非法便懷恐懼。是謂此人熟而像生。

「彼云何人生而像生？或有比丘不持禁戒，不知行步禮節，亦復不知出入行來，亦復不知著衣持缽，諸根錯亂，心著色、聲、香、味、細滑之法；彼犯禁戒不行正法，不是沙門而似沙門，不行梵行而似梵行，根敗之人不可修飾。是謂此人生而似生。

「彼云何有人熟而似熟？或有比丘持禁戒限，出入行步不失時節，看視不失威儀；然極精進修行善法，威儀禮節皆悉成就，見小非法便懷恐怖，況復大者。是謂此人熟而似熟。

「是謂，比丘！世間有此四果之人，當學熟果之人。如是，諸比丘！當作是學。」

●

右述熟而似熟，熟而似生二種沙門，爲僧中瑰寶、教界棟梁，爲吾人景仰和學習的對象。生而似生，生而似熟，二種均不足取，皆是佛教的包袱，和佛教發展的絆腳石。其中尤以「生而似生」給佛教帶來最大的麻煩；身心略不檢點，高聲吆喝，指手畫腳，貽教外人極不佳印象。（筆者在一次法會中，親自見、聞某一年青比丘尼，於齋堂進食中高談闊論，和唱僧俗不分的歌，聽了很覺刺耳。）經文說的「根敗之人不可修飾」，可見較「生而似熟」的尤下一等了。

5 利養壞人善法

增壹阿含卷五：爾時世尊告諸比丘：「受人利養甚重不易，令人不得至無爲之處？所以然者？利養之報，斷入人皮；以斷皮，便斷肉；以斷肉，便斷骨；以斷骨，便徹髓。諸比丘！當以此方便，知利養甚重。若未生利養心，便不生；已生求令滅之。如是，諸比丘！當作是學。」

又：卷六：爾時世尊告諸比丘：「受人利養甚爲不易，令人不得至無爲之處！所以然者？若修羅陀比丘不貪利養者，終不於法中捨三法衣而作居家。修羅陀比丘大作阿練若行：到時乞食，一處一坐，或正中食，樹下露坐，樂閒居之處，著五納衣，或持三衣，或樂塚間，懃身苦行，行此頭陀。是時修羅陀比丘常受蒲呼國王供養，以百味之食，日來給與，爾時彼比丘意染此食，漸捨阿練若行……盡捨此已，去三法衣，還爲白衣；屠牛殺生，不可稱計，身壞命終生地獄中。諸比丘！以此方便，知利養甚重，令人不得至無上正真之道。若未生利養心，制令不生；已生求方便使滅。如是，諸比丘！當作是學。」

●

利養之害既如上述，然則境界現前時，應如何對治呢？佛有明誨：「比丘，汝等當觀諸行無常、觀興衰法、觀無欲、觀捨離、觀滅、觀斷……」（中阿含卷三十）

6 色味、色大患、色出要

增壹阿含卷十二：爾時世尊告諸比丘：「……云何色味？設有見剎利女種、婆羅門女種、長者女種，年十四、十五、十六，不長不短，不肥不瘦，不白不黑，端正無雙，世之稀有，彼最初見彼顏色，起喜樂想，是謂色味。

「云何爲色大患？復次，若後見彼女人，年八十、九十乃至百歲，顏色變異、年過少壯、牙齒缺落、頭髮皓白、身體垢圿、皮緩面皺、脊僂呻吟、身如故車、形體戰掉扶杖而行。云何比丘？初見妙色，後復變易，豈非是大患乎？」諸比丘對曰：「如是，世尊！」世尊告諸比丘：「是謂色爲大患！復次！此若見彼女人，身抱重患，臥於床褥，失大小便，不能起止。云何比丘？本見妙色，今致此患，豈非大患乎？」諸比丘對曰：「如是，世尊！」世尊告曰：「諸比丘！是謂色爲大患！復次，比丘！若見彼女人身壞命終，將詣塚間。云何比丘?本見妙色,今以變改,於中現起苦樂想,豈非大患乎?」……(下膿爛想、虫噉想、骨鎖想等等,略。)

「云何色爲出要?若能捨離於色,除諸亂想,是謂捨離於色……」

●

衆生流轉生死,皆由貪欲之過;而諸欲之中,以色欲最爲根本。故四十二章經說:「賴有一矣!若使二同,普天之下無能爲道者矣!」色欲過患罄竹難書,而衆生樂此不疲,其過在不淨認淨,無常認常;如能將右述經文日誦什百遍,慾心即會漸漸銷落。又男對女作如是觀,女對男亦應作如是觀。

7 生死長遠，實可厭患

增壹阿含卷四十九：爾時世尊告諸比丘：「云何，比丘！汝等流轉生死，經歷苦惱，於中悲號涕泣，淚出爲多耶？爲恆水多乎？」爾時比丘前白佛言：「我等觀察如來所說義，經歷生死涕泣之淚，多於恆水。」佛告比丘：「善哉！善哉！諸比丘！如汝所說無有異！汝等在生死，淚多於恆水！所以然者？於生死中亦更父母終亡，於中墮淚不可稱計；長夜之中：父兄、姊妹、妻子、五親、及諸恩愛，追慕悲泣，不可稱計。是故，比丘！當厭患生死，去離此法。如是，比丘！當作此學。」

又：爾時世尊告諸比丘：「云何，比丘！汝等在生死中，身體毀壞流血多耶？爲恆水多乎？」爾時諸比丘白佛言：「如我等觀察如來所說者，流血多於恆水。」佛告諸比丘：「善哉！善哉！比丘！如汝所言，流血多於恆水！所以然者，在生死中，或作牛、羊、豬、犬、鹿、馬、鳥、獸，及餘無數所經苦惱，實可厭患，當念捨離……」

故知吾人從無始生死以來，捨身受身，恒河沙數不可爲喻，天上人間三塗八難，靡不遍歷，榮華富貴辛酸苦楚何一未嘗，真所謂出此没彼昇沈疲極。今幸大悲世尊爲吾人道破，亟應發勇猛之志，勇截生死流，不可悠悠度日，隨逐世網；須知人身難得而易失，再出頭來知是幾時！

8 今得值佛，云何空過

別譯雜阿含卷十六：時有一婆羅門往詣佛所，問訊世尊，在一面坐，白佛言：「世尊！未來當有幾佛出世？」佛答之言：「未來當有恒河沙諸佛出現於世。」時婆羅門聞佛所說，作是念：「我當於未來佛所修梵行。」迴還不遠，復作是念：「我竟不問過去之世幾佛出世？」作是念已，還至佛所，白佛言：「世尊！過去之世，幾佛出世？」佛答之曰：「過去有無量恒河沙諸佛已出於世。」時婆羅門復作是念：「過去，未來諸佛出世，我不值遇，今得值佛，云何空過？我當於佛法中出家學道。」即起合掌白佛言：「世尊！唯願慈愍，聽我出家，於佛法中，修行梵行。」……（乃至證阿羅漢果）。

佛世難值，正法難聞，學佛貴在把握機會，否則一蹉便成百蹉。古德云：「此身不向今生度，更向何生度此身？」今雖值末法，不睹如來金色身，而佛金口所宣妙法宛爾無缺，亦可為吾人入道之一助。又吾人應效婆羅門，恆作是念：「過去有迦葉佛，未來有彌勒佛，東方有藥師如來，西方有阿彌陀佛，然我未值遇，今得值釋迦佛遺法，云何空過？我當投奔僧團，於中淨修梵行！」

9 愛國與拔親

增壹阿含卷二六：（流離王憶昔爲釋種所辱，率兵往攻迦毗羅越）……。爾時衆多比丘聞流離王往征釋種，至世尊所頭面禮足，在一面立，以此因緣，具白世尊。是時世尊聞此語已，即往逆流離王。便在一枯樹下，無有枝葉，於中結跏趺坐。是時流離王，遙見世尊在樹下坐，即下車至世尊所，頭面禮足，在一面立。爾時流離王白世尊言：「更有好樹，枝葉繁茂，尼拘留之等，何故此枯樹下坐？」世尊告曰：「親族之蔭，故勝外人。」是時流離王便作是念：今日世尊故爲親族，然我今日應還本國，不應往征迦毗羅越。是時流離王即辭還退。

是時好苦梵志復白王言：「當憶本爲釋所辱。」是時流離王，聞此語已，復興瞋恚：「汝等速嚴駕，集四部兵，吾欲往征迦毗羅越。」是時羣臣即集四部之兵，出舍衛城，往詣迦毗羅越征伐釋種。

是時衆多比丘聞已，往白世尊：「今流離王興兵衆，往攻釋種。」爾時世尊聞此語已，即以神足，往在道側，在一枯樹下坐。時流離王遙見世尊在樹下坐，即下車至世尊所，頭面禮足，在一面立。爾時流離王白世尊言：「更有好樹，不在彼坐，世尊今日何故在此枯樹下坐？」世尊告曰：「親族之廕，勝外人也！」是時世尊便說此偈：

「親族之蔭涼，釋種出於佛，

盡是我枝葉，故坐斯樹下。」

是時流離王復作是念：「世尊今日出於釋種，吾不應往征，宜可齊此還歸本土。」是時流離王即還舍衛城。……

●

右述爲世尊不忍見祖國覆亡，躬冒炎暑，感動流離王退軍的感人故事。「親族之廕故勝外人！」充分的道出了佛教的愛國思想。今人動輒譏謗佛教無國家民族觀念，實在是「厚誣」！

後面摘錄一段，乃世尊爲五百釋女說法，循循善誘，悲心彌篤，感人肺腑之至：

增壹阿含卷二十六：（五百釋女拒與流離王苟合，被兀手足著深坑中）……是時五百釋女同歸稱喚如來名號：「如來於此生，亦從此間出家學道，而後成佛，然佛今日永不見憶，遭此苦惱，受此毒痛，世尊何故而不見憶？」爾時世尊以天耳清徹，聞諸釋女稱怨向佛。爾時世尊告諸比丘：「汝等盡來，共觀迦毗羅越，及看諸親命終。」……

是時世尊漸與諸女說微妙法。所謂：「諸法皆當離散，會有別離。諸女當知：此五盛陰皆當受此苦痛諸惱，墮五趣中。夫受五陰之身，必當受此行報；以有行報，便當受胎；已受胎分，復當受苦樂之報。設當無五盛陰者，便不復受形；若不受形，則無有生；以無有生，則無有老；以無有老，則無有病；以無有病，則無有死；以無有死，則無合會別離之惱。是故，諸女！當念此五陰成敗之變。所以然者？以知五陰，則知五欲；以知五欲，則知愛法；以知愛法，則知染著之法。知此衆事已，則不復受胎；以不受胎，則無生、老、病、死……」爾時諸女諸塵垢盡，得法眼淨。

10 佛躬看護病比丘

增壹阿含卷四十：爾時羅閱城中有一比丘，身遇疾病，至爲困悴，臥大小便，不能自起止，亦無比丘往瞻視者，晝夜稱佛名號：「云何世尊獨不見愍？」是時，如來以天耳聞彼比丘稱怨喚呼，投歸如來。爾時世尊告諸比丘：「吾與汝等，悉案行諸房，觀諸住處。」諸比丘對曰：「如是！世尊。」

是時，世尊與比丘僧前後圍繞，諸房間案行。爾時病比丘遙見世尊來，即欲從座起——而不能自轉搖。是時如來到彼比丘所，而告之曰：「止！止！比丘！勿自動轉，吾自有坐具，足得坐耳！」……是時佛告病比丘曰：「汝今患苦有損不致增乎？」比丘對曰：「弟子患苦遂增不損，極爲少賴。」佛告比丘：「瞻病人今爲所在？何人來相瞻視？」比丘白佛言：「今遇此病無人相瞻視也！」佛告比丘：「汝昔日未病之時，頗往問訊病人乎？」比丘白佛言：「不往問訊病人。」佛告比丘：「汝今無有善利於正法中！所以然者？皆由不往瞻視病故也。汝今，比丘！勿懷恐懼，當躬供養，令不有乏。如我今日天上、人中，獨步無侶，亦能瞻視一切病人，無救護者與作救護，盲者與作眼目，救諸病人。」

是時世尊，自除不淨，更與敷坐具……爾時如來手執掃帚，除去污泥，更施設坐具，復與浣衣裳，三法視之，扶病比丘令坐，淨水沐浴……是時世尊沐浴比丘已，還坐床上，手自授食。

爾時世尊見比丘食訖，除去鉢器，告彼比丘曰：「汝今當捨三世之病。所以然者？比丘當知！生有處胎之厄。因生有老；夫為老者，形羸氣竭。因老有病；夫為病者，坐臥呻吟，四百四病，一時俱臻。因病有死；夫為死者，形神分離，往趣善惡。」（佛為說法使證阿羅漢果）

爾時，世尊往至講堂所，就座而坐。爾時世尊告諸比丘：「汝等學道為畏國王、盜賊而出家乎？比丘！信堅固修無上梵行，欲得捨生、老、病、死、憂、悲、苦、惱，亦欲離十二牽連？」諸比丘對曰：「如是！世尊。」佛告諸比丘：「汝等所以出家者，共一師、同一水乳，然各不瞻視？自今已後當輾轉相瞻視。設病比丘無弟子者，當於衆中差次使看病人。所以然者？離此已，更不見所爲之處，福勝視病人者！其瞻病者瞻我無異！」

爾時世尊便說斯偈：

「設有供養我，及過去諸佛，
施我之福德，瞻病而無異！」

爾時世尊說此教已，告阿難曰：「自今已後諸比丘各各相瞻視，若復比丘知而不爲者，當案法、律！此是我之教誡。」

爾時諸比丘聞佛所說，歡喜奉行。

諸福田中，看病福田第一；菩薩戒中規定，若父母師僧患疾乃至路見病人，皆應好心瞻視，不得捨之而去。僧團中頗有些硬心腸的長老，没有得到佛法好處，有欠慈悲，平時對於晚輩諸多要求，諸多驅役，一旦徒衆病苦臨身，略不過問，擺出「佛教不講感情」的面孔；似此「又要馬兒好，又要馬兒不吃草」的作風，實在要不得！然此雖是部分長老們的不善學，世出世法兩邊落空，實也是晚輩僧尼業重招感，宜朝夕懺悔。

11 六年寒徹骨，心苦有誰知

增壹阿含卷二三：爾時世尊告諸比丘：「我昔未成佛道時，爾時依彼大畏山而住。是時彼山，其有欲心、無欲心入中者衣毛皆豎。若復極盛熱時，野馬縱橫（野馬指陽燄），露其形體而坐，夜便入深林中。若復極寒之日，風雨交流，晝便入林中，夜便露坐……若我至塚間，取死人之衣，而覆形體。爾時若奮吒村人來取木枝，著我耳中，或著鼻中，或有唾者，或有溺者，或以土坌其身上，然我爾時終不起意向彼人民。爾時有此護心。爾時有描牛之處，設見犢子屎，便取食之，若無犢子屎者，便取大牛屎食之。爾時食此之食，我復作是念：今用食爲？乃可終日不食。……

「是時我復作是念：今可食麻米之餘，爾時日食一麻一米。形體劣弱，骸骨相連！頂上生瘡、皮肉自墮、猶如敗壞瓠盧，亦不成就；我頭爾時亦復如是，頂上生瘡、皮肉自墮：皆由不食故也。亦如深水之中星宿現中；爾時我眼亦復如是，皆由不食故。猶如故車敗壞，我身亦復如是，皆悉敗毀不可承順。亦如駱駝腳跡，兩尻亦復如是。若我以手按摩腹時，便值脊骨，若按脊時，復值腹皮；身體羸弱者皆由不食故。我爾時復以一麻一米，以此爲食竟無所益，亦復不得上尊之法。若我意中欲大小便者，即便倒地不能自起居……當我爾時坐禪之日，形體不作人色，其中有人見已而作是說，此沙門顏色極黑，有人見已而作是說，此沙門顏色似終。

「比丘當知，我六年之中作此苦行，不得上尊之法。爾時我作是念，今日可食一果，爾時我便食一果；當我食一果之日，身體萎弱，不能自起居，如年百二十，骨節離散不能扶持。比丘當知，爾時一果者，如似今日小棗耳……」

●

世尊刻苦修行一致於斯，令人心酸，亦令人感極而泣。世尊本所誓願「吾所願者，無憂畏處安隱恬泊涅槃城中，使此衆生流浪生死，沈翳苦惱者導引正路。」而今正法消沈，無上妙理淪與鬼神爲伍。世尊，末法佛弟子太辜負您了！太對不起您了！

12 波斯匿王對佛陀的讚歎

中阿含卷五十九：（波斯匿王極端恭敬下意爲世尊作禮）世尊問曰：「大王！見我有何等義，而自下意稽首禮足，供養承事耶？」拘薩羅王波斯匿答曰：

「世尊！我於佛而有法靖，因此故，我作是念：如來、無所著、正盡覺所說法善，世尊弟子衆善趣向也！

「世尊！我坐都坐時，見母共子諍，子共母諍，父子、兄弟、姊妹、親屬展轉共諍！彼鬥諍時，母說子惡，子說母惡，父子、兄弟、姊妹、親屬更相說惡，況復他人？我見世尊弟子諸比丘衆從世尊行梵行，或有比丘少多起諍，捨戒罷道，不說佛惡，不說法惡，不說衆惡，但自責數：我爲惡！我爲無德！所以者何？以我不能從世尊自盡形壽修行梵行……

「復次，世尊！我見一（外道）沙門梵志，或九月或十月，少多學行梵行，捨隨本服，復爲欲所染，染欲、著欲，爲欲所縛，驕傲受入，不見災患，不見出要而樂行欲。世尊！我見世尊弟子諸比丘衆自盡形壽修行梵行，乃至億數，我於此外，不見如是清淨梵行，如世尊家。……

「復次，世尊！我見一沙門梵志，羸瘦憔悴，形色極惡，身生白皰，人不喜見。我作是念：此諸尊何以羸瘦憔悴，形色極惡，身生白皰，人不喜見？此諸尊必不樂行梵行，或身有患，或屏處作惡……世尊！我見世尊弟子諸比丘衆，樂行端正，面色悅澤，形體淨潔，無爲無求，護他妻食如鹿，自盡形壽修行梵行。我見已作是念……此諸尊或得離欲，或得增上心，現法樂居，易不難得。……

「復次，世尊！我見一沙門梵志聰明智慧，自稱聰明智慧，博聞決定，諳識諸經，制伏强敵，談論覺了，名德流布，一切世間無不聞知；所遊至處壞諸見宗，輒自立論，而作是說：『我等往至沙門瞿曇所，問如是如是事，若能答者，當難詰彼；若不能答，亦難詰已，捨之而去。』彼聞世尊遊某村邑，往至佛所，尚不敢問於世尊事，況復欲難詰耶？……（讚世尊說法使外道歡喜，使外道棄邪歸正，受三自歸，乃至自請出家，證阿羅漢果。）

「復次，世尊！我自居國，無過者令殺，有過者令殺，然在都坐，我故不得作如是說——卿等並住！無人問卿事，人問我事，卿等不能斷此事，我能斷此事——於其中間競論餘事，不待前論訖。我數見世尊大衆圍繞說法，彼中一人鼾眠作聲，有人語彼：『君莫鼾眠作聲！君不用聞世尊說法甘露耶？』彼人聞已，即便默然。我作是念：如來、無所著、正盡覺、衆調御士，甚奇！甚特！所以者何？以無刀杖，皆自如法，安隱快樂！

「復次，世尊！我於仙餘及宿舊二臣，出錢財賜，亦常稱譽，彼命由我，然不能令仙餘及宿舊二臣下意恭敬、尊重、供養、奉事於我——如爲世尊下意恭敬、尊重、供養、奉事也！

「復次，世尊！我昔出征，宿一小屋中，欲試仙餘、宿舊二臣知彼頭向何處眠耶？爲向我？爲向世尊？於是仙餘、宿舊二臣，則於初夜結跏趺坐，默然燕坐，至中夜聞世尊在某方處，便以頭向彼，以足向我。我見已，作是念：此仙餘及宿舊二臣不在現勝事，是故彼不下意恭敬、尊重、供養、奉事於我，如爲世尊下意恭敬、尊重、供養、奉事也！」

「復次，世尊！我亦國王，世尊亦法王；我亦剎利，世尊亦剎利；我亦拘薩羅，世尊亦拘薩羅；我年八十，世尊亦八十。世尊！以此事故，我堪耐爲世尊盡形壽，下意恭敬、尊重、供養、奉事。」

世尊威德尊重，世間無與儔匹。然右述所錄但就凡夫肉眼所見，更有十力、十八不共法、四無礙辯、大慈大悲等無量功德——具載於大乘經論中。我輩業重，不睹佛興，所謂「佛出世時，我方沈淪，今得人身，佛已滅度。」處茲五濁熱惱，每憶斯語，尤覺悲不可抑。

佛陀功德巍巍，並非憑空得來，而是歷劫勤修悲智的結果：經說斷一分無明，證一分法身，無明淨盡，則法身顯朗；世尊徹法底源

「一性圓通一切性，一法遍含一切法，一月普現一切水，一切水月一月攝。」法爾具足無邊神通妙用。又世尊歷劫修菩薩行，自云：「三千大千世界無一芥子許不是我捨身命處。」故衆生見佛莫不生歡喜心，莫不佛步亦步佛趨亦趨，竭誠皈投恭謹受教。吾輩要想具足佛的功德，須自斷煩惱和「利他」著手！

13 過去讓他過去

雜阿含卷八：爾時世尊告諸比丘：「我昔未成正覺時，獨一靜處，禪坐思惟：自心多向何處？觀察自心多逐過去五欲功德，少逐現在五欲功德，逐未來世轉復微少。我觀多逐過去五欲心已，極生方便精勤自護，不復令隨過去五欲功德。我以是精勤自護故，漸漸近阿耨多羅三藐三菩提。汝等諸比丘亦復多逐過去五欲功德，現在、未來亦復微少；汝今亦當以心多逐過去五欲功德故，增加自護，亦當不久得盡諸漏……」

●

五欲功德虛幻，誑惑凡夫，經中以八種譬喻，力斥其非；所謂欲如骨鎖、欲如肉臠、欲如火炬、欲如火坑、欲如毒蛇、欲如夢、欲如假借、欲如樹果等。（中阿含卷五十四言之甚詳。）如世尊說汝等當以心多逐過去五欲功德故，增加自護。云何自護？觀過去五欲功德幻化不實，掉頭不顧！古詩云：「事如春夢了無痕。」以夢譬喻人生最恰當不過：夢時憂喜宛然，醒後床上安眠如故。故可比知其體純是虛妄，無可眷戀。且夢中與醒時，俱是意識分別：若夢中屬獨頭的夢中意識思想，若現在之境屬五俱意識的明了分別，若過去、未來之境爲獨頭的散亂意識思惟：現在之境尚且幻化不住，何況過去未來？而且，過去若好若惡種種境界，由於現前一念攀緣展轉而起，只要我們稍加覺察，即可發現。如古德說：「過去之境，何曾是有，隨念起處，忽然現前；若想不生，境亦不現。」此理明煞！

14 不認六塵緣影為心

雜阿含卷三七：（佛為病重比丘說法）佛告比丘：「我今問汝，隨意答我：云何，比丘！有眼故有眼識耶？」比丘白佛：「如是，世尊！」復問比丘：「於意云何？有眼識故有眼觸、眼觸因緣生內受：若苦、若樂、不苦不樂耶？」比丘白佛：「如是，世尊！」……耳、鼻、舌、身、意，亦如是說。

「云何，比丘！若無眼觸、則無眼觸因緣生內受：若苦、若樂、不苦不樂耶？」比丘白佛：「如是，世尊！」……耳、鼻、舌、身、意，亦如是說。

「是故，比丘！當善思惟如是法，得善命終，後世亦善。」……（乃至該比丘）於法無畏，得般涅槃。

此段說法，可與金剛經的「不應住色生心，不應住聲香味觸法生心，應無所住而生其心。」作一註腳。其說理的超特和合乎邏輯，足使世間上的一切哲學家、科學家、神學家……失其根本，默然失辯，而要虛心請益了。若人依而行之，將見根塵脫落，常光現前，安住於不生不滅的寂常境界！

15 根、塵、識虛妄不實

雜阿含卷八：爾時世尊告諸比丘：「言大海者，愚夫所說，非聖所說，此大海小水耳！云何聖所說海？謂眼識色已，愛念深著，貪樂身、口、意業，是名爲海！一切世間阿修羅衆乃至天、人，悉於其中貪樂沈沒；如狗肚臟，如亂草蘊，此世他世，絞結纏縛，亦復如是。耳識聲、鼻識香、舌識味、身識觸，此世他世，絞結纏縛，亦復如是。」

●

根塵生識，虛妄不實，凡夫由不了達故，堅執爲實，念念攀緣，念念馳逐，如翳眼之見空華，亦類渴鹿之趁陽燄，從劫至劫略不回頭，故佛稱之爲可憐憫者！此識海，不但貪戀欲樂凡夫於中浮沈，古今中外一切高哲，世間諸家學說，乃至天文學家、地質學家……以至夫氫彈專家、衞星專家等等，無一能夠倖出此識海之外；根塵縛人，甚矣！

諸佛世尊爲一大事因緣故出現於世，即欲拯拔衆生出離識海；唯此一事實，餘二則非真！現錄兩則經語，以作吾人出離識海之一助：第一、觀一切法熾燃，逼迫身心，於此根塵識深見過患；由見過患故厭離；由厭離故解脫：

佛本行集經卷四十二：佛告比丘：「汝等，比丘！今應當知，此一切法皆悉熾燃！言熾燃者，眼亦熾燃，色亦熾然，眼識熾燃，眼觸熾燃，眼觸所因生者有受：若苦、若樂、非苦非樂彼亦熾燃！以何熾燃？以慾火故煩惱熾燃，以瞋恚火煩惱熾燃，以愚痴火煩惱熾燃！我如是說眼過。如是其耳熾燃，聲響熾燃，略說乃至鼻香熾燃、舌味熾燃、身觸熾燃、意法熾燃，因於意觸所生受者：若苦、若樂、非苦非樂彼亦熾燃！以何熾燃？以慾火故煩惱熾燃，以瞋恚火煩惱熾燃，以愚痴火煩惱熾燃！我如是說耳、鼻、舌、身根塵過患。

「復次，若有多聞之人，能作如是深觀察者，彼能厭離眼，厭離眼識，厭離眼觸，若因眼觸所生受者：若苦、若樂、非苦非樂是中亦能如是厭離！是厭離眼。又復如是，厭離於耳，厭離於聲，乃至略說厭離鼻香，厭離舌味，厭離身觸，厭離意法，若因意觸所生受者：若苦、若樂、非苦非樂彼亦厭離！

「既厭離訖，即不染著；既不染著，既得解脫，即有如是內淨智現。自知我今生死已斷，梵行已立，所作已辦，不受後有。……」

●

第二、觀一切無常。或有衆生執苦爲樂，於此法不肯捨離，故世尊勅諸衆生修習一切無常。由修無常故，了達此根、塵、識虛妄不實；曉了不實即生厭離；厭離故得解脫：

雜阿含卷八：爾時世尊告諸比丘：「一切無常！云何一切無常？謂眼無常，若色、眼識、眼觸，若眼觸因緣生受：苦覺、樂覺、不苦不樂覺彼亦無常；耳、鼻、舌、身、意，亦復如是。

「多聞聖弟子如是觀者，於眼生厭；若色、眼識、眼觸、眼觸因緣生受：苦覺、樂覺、不苦不樂覺，於彼生厭。耳、鼻、舌、身、意、聲、香、味、觸、法、意識、識觸，意觸因緣生受：苦覺、樂覺、不苦不樂覺，彼亦生厭。

「厭故不樂；不樂故解脫；解脫知見，我生已盡，梵行已立，所作已作，自知不受後有。」

●

有情根身，由前世業識爲因，父母不淨爲緣而得成立，中間數十寒暑念念生滅，剎那剎那遷謝不住，其體純是虛幻無常；若無常因無常緣者，彼所生識云何有常？根塵識虛幻不實，固不待言！

如前經文所說，厭離眼，乃至厭離因意觸所生受苦覺樂覺不苦不樂覺後，即不染著，即有「內淨智現」，此內淨智現，即六祖慧能大師聽五祖講金剛經，至「應無所住而生其心」時悟徹心源所說的「何期自性本自清淨，何期自性本不生滅，何期自性本自具足，何期自性本無動搖，何期自性能生萬法！」吾人皆具有此無價大寶，宜加珍惜。

16 云何名世間

雜阿含卷九：時有比丘名三彌離提，往詣佛所，稽首佛足，退坐一面，白佛言：「世尊！所謂世間者——云何名世間？」佛告三彌離提：「謂眼、色、眼識、眼觸、眼觸因緣生受：內覺若苦、若樂、不苦不樂；耳、鼻、舌、身、意、法、意識、意觸、意觸因緣生受：內覺若苦、若樂、不苦不樂——是名世間。所以者何？六入處集，則觸集，如是乃至純大苦聚集。

「三彌離提！若無彼眼、無色、無眼識、無眼觸、無眼觸因緣生受：內覺若苦、若樂、不苦不樂；無耳、鼻、舌、身、意、法、意識、意觸、意觸因緣生受：內覺若苦、若樂、不苦不樂者，則無世間，亦不施設世間。所以者何？六入處滅，則觸滅，如是乃至純大苦聚滅故。」

佛說此經已，諸比丘聞佛所說，歡喜奉行。

右錄經語言簡意賅，將何爲世間，何爲出世間的大道理囊括無遺。此一段話猶如金剛，能沮壞一切外道邪知邪見，和凡夫種種卜度。

17 看破、放下、自在

雜阿含卷八：爾時世尊告諸比丘：「當正觀察眼無常，如是觀者，是名正見；正觀故生厭；生厭故離喜、離貪；離喜、貪故，我說心正解脫。如是耳、鼻、舌、身、意，離喜、離貪；離喜、貪故，比丘！我說心正解脫。心正解脫者，能自記說：我生已盡，梵行已立，所作已作，自知不受後有。」

佛說此經已，諸比丘聞佛所說歡喜奉行。

●

「當正觀察眼（耳、鼻、舌、身、意）無常」是看破；「正觀故生厭；生厭故離喜離貪」是放下；「離喜貪故，我說心正解脫」是自在。佛法不涉玄妙——一言以蔽之：破除衆生的認六塵緣影為心！

右述觀察眼等無常故生厭，生厭故離喜貪，離喜貪故解脫：觀苦、觀空、觀無我、觀不淨等等一樣能生厭，乃至解脫，在行者自擇。

18 五陰（蘊）略釋

雜阿含卷第六：時有侍者比丘名曰羅陀，白佛言：「世尊！所謂衆生者，云何名爲衆生？」佛告羅陀：「於色染著纏綿，名曰衆生；於受、想、行、識染著纏綿，名曰衆生。」

●

此意頗同於常見的「法身流轉六道名曰衆生」說法。五陰極易離，何以故？五陰性離，非五陰繫縛衆生，而是衆生妄起五陰，妄與五陰爲伍。善用心者，不費折枝反掌之功，當下即能見到如如不動本體；如雲門大師云：「我向汝道直下有什麼事，早是相埋沒了也！汝若實未有入頭處，且私獨自參詳，除卻著衣、吃飯、拉屎、送尿，更有什麼事，無端起得如許多般妄想作什麼？」五陰復極難離；蓋真如之體隨緣不變，不變隨緣，微有凡情聖解，即乖本體，如楚南禪師云：「微有念生，便具五陰，三界輪迴生死皆從汝一念生。」故用功不得法，縱使草衣木食，長坐不臥，乃至燒身煉頂，敲骨出髓，只益增迷惑！

右述摘引禪錄，說法過略，或未易體會，現在再引經語，將五陰生起、還滅等加以剖析：

雜阿含卷第二：爾時世尊告諸比丘：「有五受陰：色受陰，受、想、行、識受陰，我於此五受陰，五種如實知：色如實知，色集、色味、色患、色離如實知。如是受、想、行、識如實知，識集、識味、識患、識離如實知。

「云何色如實知？諸所有色，一切四大，及四大造色，是名色；如是色如實知。云何色集如實知？於色喜愛，是名色集；如是色集如實知。云何色味如實知？謂色因緣生喜愛，是名色味；如是色味如實知。云何色患如實知？若色無常、苦、變易法，是名色患；如是色患如實知。云何色離如實知？若於色調伏欲貪、斷欲貪、越欲貪，是名色離；如是色離如實知。

「云何受如實知？有六受身：眼觸生受，耳、鼻、舌、身、意觸生受，是名受；如是受如實知。云何受集如實知？觸集是受集；如是受集如實知。云何受味如實知？緣六受生喜樂，是名受味；如是受味如實知。云何受患如實知？若受無常、苦、變易法，是名受患；如是受患如實知。云何受離如實知？於受調伏欲貪、斷欲貪、越欲貪，是名受離；如是受離如實知。

「云何想如實知？謂六想身。云何爲六？謂眼觸生想，耳、鼻、舌、身、意觸生想，是名想；如是想如實知。云何想集如實知？謂觸集是想集；如是想集如實知。云何想味如實知？想因緣生喜樂，是名想味；如是想味如實知。云何想患如實知？謂想無常、苦、變易法，是名想患；如是想患如實知。云何想離如實知？若於想調伏欲貪、斷欲貪、越欲貪，是名想離；如是想離如實知。

「云何行如實知？謂六思身：眼觸生思，耳、鼻、舌、身、意觸生思，是名爲行；如是行如實知。云何行集如實知？觸集是行集；如是行集如實知。云何行味如實知？謂行因緣生喜樂，是名行味；如是行味如實知。云何行患如實知？若行無常、苦、變易法，是名行患；如是行患如實知。云何行離如實知？若於行調伏欲貪、斷欲貪、越欲貪，是名行離；如是行離如實知。

「云何識如實知？謂六識身：眼識身，耳、鼻、舌、身、意識身，是名為識身；如是識身如實知。云何識集如實知？謂名色集，是名識集；如是識集如實知。云何識味如實知？識因緣生喜樂，是名識味；如是識味如實知。云何識患如實知？若識無常、苦、變易法，是名識患；如是識患如實知。云何識離如實知？謂於識調伏欲貪、斷欲貪、越欲貪，是名識離；如是識離如實知。

「……若沙門、婆羅門於色如實知、如實見，於色生厭、離欲，不起諸漏，心得解脫；若心得解脫者，則為純一；純一者，則梵行立；梵行立者，離他自在，是名苦邊。受、想、行、識，亦復如是。」

佛說此經已，諸比丘聞佛所說，歡喜奉行。

五陰之體，虛幻無常，苦空熱惱——應生厭離；滅五陰已朗然大覺，寂靜清涼——應生欣求；滅除五陰趣向涅槃的途徑：八正道（正見、正思維、正語、正業、正命、正精進、正念、正定）——應加修習。此五陰法爲佛法根本；若人於此五陰法生起信解，其人決定不退轉於佛法，以此自修，將見煩惱日益淡薄，漸漸趨向涅槃，以此化他，句句踏實，不違世尊說法本懷，使衆生獲得出世法益；真所謂「自利利他，法皆具足！」

19 涅槃境界的譬喻

別譯雜阿含卷十……犢子言：「瞿曇！汝於今者，見何因緣，說無生處？」佛告犢子：「我還問汝，隨汝意答：譬如有人，於汝目前，然大火聚……若復有人來問汝言：此火滅已，爲至東方？南、西、北方，乃至下方，亦復如是：斯諸方中，爲至何處？若如是者，當云何答？」犢子言：「瞿曇！若人問我當如實答：若有草木及牛馬糞，此火與薪相得，便然不滅，草木牛糞若都盡者，此火則滅，不至方所。」佛告犢子：「如是！如是！若言色是如來，受、想、行、識是如來者，無有是處。何以故？如來已斷如斯色故；受、想、行、識，亦復如是皆悉已斷。譬如有人斷多羅樹，斷已不生；如來亦爾，斷五陰已不復受生，寂滅無想是無生法。」

經中以薪盡火滅譬喻涅槃（涅槃此翻圓寂），衆生佛性湛寂不動猶如虛空，由煩惱火焚燒故，虛妄見有身心世界，今以戒定慧之力，斷盡煩惱，身心世界悉皆消殞，猶如漚滅歸海，亦如華從空滅。如果復問：如來當來有耶？如來當來無耶？如來當來非有非無耶？……以及如來「長生」耶？如來「永生」耶？皆是戲論，屬顛倒見！

然則吾人應如何見如來呢？華嚴經卷五十設有多種譬喻，今錄其一：

「佛子！諸菩薩摩訶薩應云何見如來應正等覺身？諸菩薩摩訶薩應於無量處見如來身！何以故？諸菩薩摩訶薩不應於一法、一事、一身、一國土、一衆生見於如來，應遍一切處見於如來。佛子！譬如虛空遍至一切色非色處，非至非不至；何以故？虛空無身故。如來身亦如是，遍一切處，遍一切衆生，遍一切法，遍一切國土，非至非不至；何以故？如來身無身故……」

剋實言之，迷於現前一念：「情生智隔，想變體殊」即現有種種衆生相，和人我之別；一念頓歇，如夢忽覺，即與諸佛同共一法身！

上來譬喻猶覺不夠親切，再引兩則禪師辭世偈頌，來幫助我們直下知歸：

其一：泉州龜洋無了禪師，將示化，乃述偈曰：「八十年來辨西東，如今不要白頭翁！非長非短非大小，還與諸人性相同；無來無去兼無住，了卻本來自性空。」

其二：世奇首座，入寂時偈曰：「諸法空故我心空，我心空故諸法同，諸法我心無別體，祇在而今一念中。且道是那一念？」衆罔措，師喝一喝而終。（以上均見傳燈錄，指月錄等）

故知禪宗法門不可思議，涅槃境界甚深甚深；而林語堂輩，心猿意馬，老不正經，竟敢妄議涅槃，肆意攻訐禪宗，何其不自量力！

20 有三因緣，識來受胎

增壹阿含卷十二：爾時世尊告諸比丘：「有三因緣，識來受胎！云何爲三？於是，比丘！母有欲意，父母共集一處，與共止宿，然復外識未應來趣，便不成胎。若復識欲來趣，父母不集，則非成胎。若復母人無欲，父母共集一處，爾時父欲意盛，母不大慇懃，則非成胎。若復父母集在一處，母欲熾盛，父不大慇懃，則非成胎。

「若復父母集在一處，父有風病，母有冷病，則不成胎。若復父母集在一處，母有風病，父有冷病，則非成胎。若復有時父母集在一處，父身水氣偏多，母無此患，則非成胎。

「若復有時父母集在一處，父相有子，母相無子，則不成胎。若復有時父母集在一處，母相有子，父相無子，則不成胎。若復有時父母俱相無子，則非成胎。

「若復有時識神趣胎，父行不在，則非成胎。若復有時父母應集一處，然母遠行不在，則不成胎。若復有時父母應集一處，然父身遇重患，時識神來趣，則非成胎。若復有時父母應集一處，識神來趣，然母身得重患，則非成胎。若復有時父母應集一處，識神來趣，然復父母身俱得疾病，則非成胎。

「若復，比丘！父母集在一處，父母無患，識神來趣，然復父母俱相有兒，此則成胎。是謂有此三因緣而來受胎。是故，比丘！當求方便，斷三因緣。如是，諸比丘！當作是學。」

●

大寶積經佛說入胎藏會，對於衆生的入胎、住胎、出胎等有更詳細的述說。然經意重點皆集中在「是故比丘，當求方便斷三因緣。」生命的形成，世間共認奧妙難解；此謎結唯有佛法能解開！然純說理初機未易得入，須以譬喻加以顯發：

上自諸佛下至蠢動含靈同稟一法性身，此法性身無來無去廓澈靈明，當體即是舉念即乖；譬如天上明月，光明寂照圓滿無缺。然此法性具有不變隨緣作用，苟不守自性，則就因緣幻起各各有情的根身器界；好比皎潔的月亮（法身），雖無來去，但凡有海、洋、江、河、溪、澗、溝、渠的地方，月影則落其中（五蘊）。明白此理，則諸修行人當斷業緣（海洋江河……），念念迴光返照（認月體勿認月影），一旦功圓果滿，則如阿羅漢的不入胞胎、不受後有了。（既悟之後，隨體起用，千江有水千江現，謂之千百億化身，廣化有情；乃佛菩薩妙用，非復衆生矣！）

由此上譬喻，我們可以進一步發現到，衆生是幻化的，即使已入胞胎已成根身已長大成人，而此法身原是湛寂不動；猶如江河溝渠的月影，雖影像宛然，而月體永不與此虛妄和合！苟能直下體會法身、認得月體，則五蘊身、月影自離，不假修證、不歷階位。直指人心見性成佛，基因在此；六祖慧能大師偈「本來無一物」，亦是有所見而發的。

21 尊者朱利槃特的故事

增壹阿含卷十一：爾時尊者槃特告弟朱利槃特曰：「若不能持戒者，還作白衣。」是時朱利槃特聞此語已，便詣祇洹精舍門外，立而墮淚。

爾時世尊以天眼清淨，觀是朱利槃特比丘在門外立，而悲泣不能自勝；時世尊從靜室起，如似經行，至祇洹精舍門外，告朱利槃特曰：「比丘！何故在此悲泣？」朱利槃特報曰：「世尊！兄見驅逐——若不能持戒者，還作白衣，不須住此——是故悲泣耳。」世尊告曰：「比丘！勿懷畏佈，我成無上等正覺，不由卿兄槃特得道。」爾時世尊手執朱利槃特，詣靜室教使就坐。世尊復教使執掃帚：「汝誦此字爲字何等？」是時朱利槃特誦得掃，復忘帚；若誦得帚，復忘掃。爾時尊者朱利槃特誦此掃帚，乃經數日！然此掃帚復名除垢，朱利槃特復作是念：「何者是除？何者是垢？垢者灰、土、瓦、石，除者清淨也。」復作是念：「世尊何故以此教誨我？我今當思惟此義。」以思惟此義，復作是念：「今我身上亦有塵垢，我自作喻何者是除？何者是垢？」彼復作是念：「縛結是垢，智慧是除；我今可以智慧之帚，掃此結縛。」

爾時尊者朱利槃特思惟五盛陰成者、敗者……爾時思惟此五盛陰已，欲漏心得解脫，有漏心、無明漏心得解脫。已得解脫，便得解脫智，生死已盡，梵行已立，所作已辦，更不復受胎有，如實知之，尊者朱利槃特便成阿羅漢。

●

朱利槃特（或譯周利槃特）尊者誦『掃帚』得道故事，諸經律記載大同小異，凡學佛稍久的人，對於這個典故大都知之甚詳；然尊者先世造何業，何以在最後身仍然要受此苦惱呢？知道的人並不多，今摘錄於後：

根本說一切有部毗奈耶卷第三十一：時諸比丘更復有疑，問世尊曰：「具壽愚路（朱利槃特）先作何業，得受人身至愚至鈍？」世尊告曰：「此愚路苾芻曾所作業，增長時熟果報現前。汝等，苾芻！凡諸有情，自所作業善惡果報，非於外界地、水、火、風令其成熟，但於己身蘊、界、處中而自成熟。」爾時世尊說伽他曰：

「假令經百劫，所作業不亡，

因緣會遇時，果報還自受！」

「汝等，苾芻！乃往過去人壽二萬歲時，有迦葉波佛出現世間……時聲聞衆有二萬人，俱於婆羅尼斯國住，愚路是彼衆數，明閑三藏爲大法師，稟性慳法曾不教人，乃至四句伽他亦不爲說。命終之後生在天宮，從彼死已墮在人趣生販豬家，年漸長大屠豬爲業。於其村側有一大河，渡河不遠有一聚落，節令日至，屠者念言：『我今若多殺豬持肉賣者，倘無交易肉皆爛壞錢有損失，宜並豬命將至彼村，至期方屠以賣其肉，此無損失得利尤多。』遂以繩縛豬安在船上。豬相蟧觸搖動船艚，其豬及船一時傾没，救濟無處豬並命終，時彼屠人亦隨流而去，於河岸邊有五百獨覺，依林而住，是時有一獨覺取水河濱，遙見一人隨流而下，乃作是念：『此沿流者為死？為活？』審細觀察，知是活人，即現神通，長舒右手如象王鼻，牽取其人，於乾砂潭合面而去。時彼溺人吐水既盡，即便起立四觀方城，見有人蹤，遂尋跡而行。至獨覺處致禮敬已，求依止住，於日日中為諸獨覺採花、摘果、取諸根葉，以相給侍，時彼獨覺各以殘食共相供濟。時彼獨覺咸加趺坐靜慮而住，屠人見已亦學加趺，頻修不已得無想定。於後命終生無想天處，從彼終已生此人中。

「汝諸苾芻勿生異念！往時屠豬人者，即愚路苾芻是。由彼昔時慳吝於法，乃至四句伽他不為人說；又多屠殺諸畜生故；復由生在無想天中，由彼業緣至愚至鈍。是故，苾芻！不應慳法，以清淨心為他說法，當如是學；於諸有情常生悲愍，遠離邪定，當如是學。」

尊者由於慳法故，隨業流轉，生居下賤，屠豬為業，不遇善知識，不能獲聞佛法，自己盲修瞎煉，守空滯寂，落入外道，雖報得人身而百不知百不會，至愚至鈍。所幸尊者過去生中曾為大法師，久薰佛法，復得大師拯拔，故於飽嚐苦頭後，終獲出離。末法佛弟子有很多地方和尊者相似，莫非也是慳法之報？然末法佛弟子不值無上大師，也未必有尊者那麼深厚的善根，其何時能夠出離若海？走筆至此，不覺心酸。

22 舍利弗辯謗

增壹阿含卷三十……是時佛告舍利弗言：「卿向者去未久，有穢行比丘來至我所而白我言，云舍利弗比丘與諸比丘共諍亦不悔過，在人間遊化——審實爾乎？」舍利弗白佛言：「如來自當知之！」世尊告曰：「我自知耳！但今大衆各懷狐疑。汝今於大衆中，可以己辯，而自明淨。」舍利弗白佛言：

「自出母胎年向八十，每自思惟，未曾殺生，亦不妄語，正使於調戲之中亦不妄語，亦復未曾鬥亂彼此；設不專意之時，或能有此行耳！我今，世尊！心意清淨，豈當與梵行人，共鬥諍乎？

——亦如此地，亦受淨，亦受不淨，屎、尿、穢、惡皆悉受之，膿、血、涕、唾終不逆之；然此地亦不言惡，亦不言善；我亦如是。世尊！心不移轉，何得與梵行人共諍而遠遊乎？心不專者能有此耳，我今心正，何得與梵行人共諍而遠遊乎？

——亦如水，亦能使好物淨，亦能使不好物淨；彼水不作是念，我淨是、置是。我亦如是，無有異想，何得與梵行人共鬥而遠遊乎？

——猶如熾火，焚燒山野，不擇好醜，終無想念，我亦如是，豈當有意與梵行人共諍乎？

——亦如掃帚，不擇好醜，皆能除之，終無想念。

——猶如牛無其雙角，極自良善，亦不凶暴，善可將御，隨意所至，終無疑難。唯然，世尊！我心如是，亦不興想有所傷害，豈當與梵行人共諍，而遠遊乎？

——亦如旃陀羅女著弊壞衣，在人間乞食亦無禁忌。世尊！我亦如是，亦無想念，當興諍訟而遠遊也！

——亦如脂釜，處處漏壞，有目之人皆悉觀見處處漏出。我亦如是，世尊！九孔之中漏出不淨，豈當與梵行人共諍？

——猶如女人年少端正，復以死尸繫彼女頸，而厭患之。世尊！我亦如是，厭患此身如彼無異，豈當與梵行人共諍而遠遊乎？

此事不然，世尊！自當知之，彼比丘亦當知之。設當有是者，願彼比丘受我懺悔！」

爾時世尊告彼比丘：「汝今可自悔過！所以然者？若不悔者頭便破爲七分。」……是時彼比丘即向舍利弗頭面禮足，白舍利弗言：「唯願受我懺悔，愚不別真！」爾時世尊告舍利弗：「汝今可受此比丘悔過，又以手摩頭。所以然者？若當不受此比丘懺悔者，（彼比丘）頭破爲七分。」爾時舍利弗以手摩頭，語比丘曰：「聽汝懺悔！如愚如惑；此佛法中極爲曠大，能隨時悔過者。善哉！今受汝懺悔，後莫更犯！」如是再三。

●

右述辯白，使人深深感動；末云：「設當有是者，願彼比丘受我懺悔。」更將尊者忍辱無諍的精神，表達到極致。經云：「若以諍止諍，至竟不見止；唯忍能止諍，是法可尊貴！」除了維護教譽，一切爭執，均宜以「忍」來平息！

又前云誣謗有德出家人而不悔者，頭破爲七分，可知謗僧罪過匪淺！然末法竟有身爲出家人，爲洩一己私憤，竟然勾搭俗人，陷害同梵行和出佛教醜者，此等人若不懸崖勒馬殷重懺悔，豈止頭破爲七分？誣謗賢良，自古已然，於今爲烈，且隨著時代在花樣翻新，然吾人不必因此心生沮喪，但當以此激發道心，勤斷煩惱出離生死，——如世尊因實力羅漢被惡比丘謗犯淫戒而說偈：

「實力超三有，尚招於毀謗，
是故有智人，不應樂生死！
段食真可厭，苦中最爲極，
猶如食子肉，增長諸煩惱！」

——有部律卷十四

右錄偈語，句句發人深省，允宜時時誦詠。

23 佛呵斥污道沙門

中阿含卷二四至邊經：爾時世尊告諸比丘：「於生活中下極至邊，謂行乞食，世間大諱謂爲禿頭擎鉢行；彼族姓子爲義故受。所以者何？以厭患生、老、病、死、愁、慼、啼哭、憂苦、懊惱：或得此淳具足大苦陰邊！汝等非如是心出家學道耶？」時諸比丘白曰：「如是！世尊。」世尊復告諸比丘曰：「彼愚痴人以如是心出家學道，而行伺欲，染著至重，濁纏心中，憎嫉、無信、懈怠、失正念、無正定、惡慧心狂、調亂諸根、持戒極寬、不修沙門、不增廣行，猶人以墨浣墨所污、以血除血、以垢除垢、以濁除濁、以廁除廁，但增其穢，從冥入冥，從闇入闇：我說彼愚痴人持沙門戒亦復如是……猶無事處燒人殘木，彼火爐者，非無事所用，亦非村邑所用，我說彼愚痴人持沙門戒亦復如是……」

於是世尊說此頌曰：

「愚痴失欲樂，復失沙門義，
俱忘失二邊，猶燒殘火燼！
猶如無事處，燒人殘火燼，
無事村不用，人著欲亦然！
猶燒殘火燼，俱忘失二邊！」

佛說如是，彼諸比丘聞佛所說，歡喜奉行。

●

右述經語，乃世尊大悲流露，語雖苦切而意實勉旃，凡發好心出家及具慚愧心者，定會身毛爲豎，求哀懺悔，誓斷一切惡，誓修一切善！

又次段經文及末後偈頌，乃譬喻污道沙門，既失世間欲樂，復亡出世大利，有沙門之名，而無沙門之實：「既非道人，又非白衣，無所名也！」人生可哀的事，無過於此！

24 僧尼堪受人天供養

雜阿含卷第四：爾時世尊著衣持缽，入一那羅聚落乞食，而作是念：「今日太早，今且可過耕田婆羅豆婆遮婆羅門作飲食處。」爾時耕田婆羅豆婆遮婆羅門五百具犁耕田，為作飲食。時耕田婆羅豆婆遮婆羅門遙見世尊，白言：「瞿曇！我今耕田下種以供飲食，沙門瞿曇亦應耕田下種以供飲食。」佛告婆羅門：「我亦耕田下種以供飲食。」婆羅門白佛：「我都不見沙門瞿曇若犁、若軛、若鞅、若縻、若鑱、若鞭——而今瞿曇說言：我亦耕田下種以供飲食？」爾時耕田婆羅豆婆遮婆羅門，即說偈言：

「自說耕田者，而不見其耕？
為我說耕田，令我知耕法！」

爾時世尊說偈答言：

「信心為種子、苦行為時雨，

智慧爲犁軛、慚愧心爲轅。
正念自守護、是則善御者，
保藏身口業、如食處内藏。
真實爲其乘、樂住無懈怠，
精進無廢荒、安穩而速進，
直往不轉還、得到無憂處。
如是耕田者、逮得甘露果，
如是耕田者、不還受諸有。」

時耕田婆羅豆婆遮婆羅門白佛言：「善耕田！瞿曇！極善耕田！瞿曇！……」

●

僧尼自覺覺他，爲人天眼目，一切衆生所應皈投，所應供養，乃反被今人譏爲分利的，消極的和迷信的；補救之道在宣揚教義，提高僧尼的素質，和遠離一切易爲俗人譏嫌的施爲——諸如送喪、趕經懺等等。

又南北朝齊文宣王蕭子良說出家十八難行之法，亦能轉移世人對出家人的輕視；僧尼覽之，更能增長道心。今錄出：

「父母是孝戀難遣，而能辭親。

妻子是恩愛難奪，而能割愛。

勢位是物情所競，而能棄榮。

飢苦是人所難忍，而能節食。

滋味是人所貪嗜，而甘啖蔬澀。

翹勤是人所厭倦，而能精苦。

七珍是人所吝惜，而能捨離。

錢帛是人所畜聚，而能棄散。

奴僮是人所資侍，而自給不使。

五色是人所忻睹，而棄之不顧。

八音人所競聞，而絕之不聽。

飾玩細滑人所保著，而能精麤無礙。
安身養體人所共同，而能忘形捨命。
眠臥是人所不免，而晝夜不寢。
恣口朋遊人所恆習，而處靜自檢。
白衣飲饌不知絕極，而進口如毒。
白衣日夜無所不甘，而已限以晷刻虛腹。
白衣則華屋媲偶，而已以塚間離著。」

25 僧寶不可輕

增壹阿含卷三十五：爾時世尊語迦葉曰：「……迦葉當知！將來之世，當有比丘剃除鬚髮而習家業，左抱男，右抱女，又執箏簫在街巷乞食——爾時檀越施主受福無窮，況復今日至誠乞食者？如是，迦葉！一切行無常，不可久停。迦葉當知！將來之世，當有沙門比丘，當捨八種道及七種之法，如我今日於三阿僧祇劫所集法寶，將來諸比丘以為歌曲，在衆人中乞食以自濟命，然彼檀越施主飯彼比丘衆，猶獲其福，況復今日而不得其福乎！」

●

僧伽住持正法，續佛慧命，爲人中第一福田，至尊至貴；縱使持戒不週，德行有玷，在家居士不能與比，譬如金剛雖有殘缺，一切衆寶所不能及！欲使正法興隆於世，第一須提高僧伽地位，欲提高僧伽地位，務須在家居士深信佛語，相信僧寶是人中福田，謙恭低讓，委曲將護；在家之人遇僧中有不如法事發生時，除了以右述佛語對治外，並宜生以下三種心：

一、慚愧心：在家之人應作是觀：此等僧寶非天生出家人，皆由我等居士捨俗者；由有不健全的居士，才產生不健全的出家人。此心生時，自然引咎自責，不滿之念立時消失。

二、不輕心：一個團體，難免良莠不齊，不可以偏概全。僧團龍蛇混雜，凡聖同居，肉眼凡夫不易辨認，在家居士但觀出家人皆是菩薩，自然得福無窮，自然有益無損。即使是破戒比丘也不可輕。豈不見佛說喻：譬如欲度大海，但藉死屍也可得過。或遇惡性比丘實不可親近，敬而遠之則可，私底下誹謗則不相宜。

三、感恩心：佛法住世，端賴僧寶；佛教能夠流傳到今日，不絕如縷，沒有成爲歷史陳蹟，苦海中的衆生，在黑暗中猶能見到一線光明，這些仍應歸功於「無能僧尼」的撐持。僧寶不住世，佛法再爲世所重，亦只是一門「學説」而已！晚近佛教受到社會人士的誤解、歧視，僧伽首當其衝，頻遭悶棍，所處的窘境，前所未有；在家居士宜以勉勵代替責難，不可苦中加鹽，使其心生退怯，打退堂鼓！

以上所錄經文等，係應病與藥，在家居士服之，可癒輕慢僧尼心理，出家僧尼服之，則醍醐翻成毒藥！

26 殺生「拜拜」，佛不稱歎

雜阿含卷四：時有年少婆羅門名優波迦，來詣佛所，與世尊面相問訊慰勞已，退坐一面，白佛言：「瞿曇！諸婆羅門常稱歎邪盛大會，沙門瞿曇亦復稱歎邪盛大會不？」佛告優波迦：「我不一向稱歎：或有邪盛大會可稱歎，或有邪盛大會不可稱歎。」優波迦白佛：「何等邪盛大會可稱歎？何等邪盛大會不可稱歎？」佛告優波迦：「若邪盛大會繫羣少特牛、水特、水牸，及諸羊犢小小衆生，悉皆傷殺；逼迫苦切，僕使作人，鞭笞恐懼悲泣號呼，不喜不樂，衆苦作役。如是等邪盛大會，我不稱歎，以造大難故！若復大會不繫縛羣牛，乃至不令衆生辛苦作役者，如是邪盛大會，我所稱歎，以不造大難故……。」

又：佛告（長身）婆羅門：「或有一邪盛大會，主行施作福，而生於罪，爲三刀劍之所刻削，得不善果報。何等三？謂身刀劍、口刀劍，意刀劍！何等爲意刀劍生諸苦報？如一會主造作大會，作是思惟：我作邪盛大會，當殺爾所少壯特牛，爾所水特、水牸，爾所羊犢及種種諸蟲。是名意刀劍生諸苦報。如是施主雖念作種種布施，種種供養，實生於罪！云何爲口刀劍生諸苦報？有一會主造作大會，作如是教，我今作邪盛大會，汝等當殺爾所少壯特牛，乃至殺害爾所微細蟲。是名口刀劍生諸苦報。大會主雖作是布施供養，實生於罪！云何爲身刀劍生諸苦報？謂有一大會主造作大會，自手傷殺爾所特牛，乃至殺害種種細蟲，是名身刀劍生諸苦報。彼大會主雖作是念種種布施，種種供養，實生於罪！

「然婆羅門！當勤供養三火，隨時恭敬，禮拜奉事，施其安樂。何等爲三？一者根本，二者居家，三者福田。何者爲根本火，隨時恭敬，奉事供養，施其安樂？謂善男子方便得財，手足勤苦，如法所得，供養父母，令得安樂，是名根本火。何故名爲根本？若善男子從彼而生，所謂父母，故名根本。善男子以崇本故，隨時恭敬，奉事供養，施以安樂。何等爲居家火，善男子隨時育養，施以安樂？謂善男子，方便得財，手足勤苦，如法所得，供給妻子、宗親、眷屬、僕使、傭客，隨時給與，恭敬施安，是名家火。何故名家？其善男子處於居家，樂則同樂，苦則同苦，在所爲作皆相順從，故名爲家。是故善男子隨時供給，施以安樂。何等名田火，善男子隨時恭敬，尊重供養，施其安樂？謂善男子方便得財，手足勤苦，如法所得，奉事供養諸沙門、婆羅門——善能調伏貪、恚、痴者，如是等沙門、婆羅門，建立福田，崇向增進，樂分樂報，未來生天，是名田火。何故名田？爲世福田，謂爲應供，是故名田。是善男子隨時恭敬，奉事供養，施其安樂。」

●

右述的邪盛大會，類似本省的「拜拜」；殺生「拜拜」不但佛不稱歎，而且認爲：實生於罪！又印度當時舉行「祭火」勞民傷財，佛從未曾表示贊同：而且認爲與其向火祭祀，不如奉事三火——根本火、居家火、田火。「拜拜」是一種民間習俗，寓意尚不壞，如能適可而止，是無可厚非的，但今日的「拜拜」——宰殺生靈，屍積如山，鋪張浪費，賒欠典當，打腫臉充胖子——正是佛所呵斥的。佛教教義原是無懈可擊的，但由於佛弟子欠乏宣傳，和外教的攀附，「城隍釋子」的隨聲附和，使佛教蒙上一層迷信色彩；故今人一提到「拜拜」就聯想到佛教，張冠李戴，真是莫大的冤枉！

27 從闇入明與從明入闇

增壹阿含卷二八：爾時世尊告諸比丘：「汝等頗見屠牛之人，以此財業，後得乘車馬大象乎？」諸比丘對曰：「非也！世尊。」

世尊告曰：「善哉！諸比丘！我亦不見、不聞屠牛之人，殺害牛已，得乘車馬大象！所以然者？我亦不見屠牛之人，得乘車馬大象——終無此理！云何比丘！汝等頗見屠羊、殺豬，或獵捕鹿，如此之人，作此惡已，得此財業，後得乘車馬大象乎？」諸比丘對曰：「非也！世尊。」

世尊告曰：「善哉！諸比丘！我亦不見不聞屠牛之人，殺害生類已，得乘車馬大象——終無此理！汝等比丘，若見殺牛之人乘車馬者，此是前世之德，非今世福也，皆是前世宿行所致也！汝等若見殺羊之人，得乘車馬者，當知此人前世宿福之所種也……若有人親近惡友，好喜殺生，種地獄之罪，若來人中，壽命極短……由殺生故，致此罪咎，不得乘車馬大象。是故，諸比丘！當起慈心，於一切衆生。如是，諸比丘！當作是學。」

●

縱觀世間，凡是靠屠宰、打獵、捕魚等爲生的人，類多三餐不繼，衣不蔽體；間或也有起高樓大廈的，而往往不得善終；真正因此而發跡的，可謂少之又少！

又今生靠屠宰等爲生的人，多係前世惡業招感，宜加自拔，才不會越陷越深；如佛告波斯匿王：

「世有四種人！或有一人先闇而後明；或有一人先明而後闇；或有一人先闇而後闇；或有一人先明而後明。」（原文見增壹阿含卷十八四意斷品，下錄大意。）

「彼人云何先闇而後明？其人由宿業故生卑賤家，或旃陀羅種（屠者），或淫泆家生，或諸根不具；然其人今生肯向善，身口意清淨，於尊長及三寶生恭敬心，於沙門及貧匱者能行布施，其人身壞命終生善處天上。是爲先闇後明。

「彼人云何先明而後闇？或有一人宿福故，生尊貴家，饒財多寶，面貌端正；然其人恆懷邪見，三業不淨，於尊長及三寶等，恆起瞋恚，無恭敬心，慳貪吝惜，不肯惠施；其人命終生惡道中。是謂先明而後闇。」

「彼人云何從闇至闇？如前所云，其人生卑賤家；復不肯向善，恆懷邪見，不信因果慳貪吝惜，殺害衆生；此人身壞命終落惡道中，猶如有人從闇至闇，從火焰至火焰，捨智就愚。故名此人從闇至闇。」

「彼名何等人從明至明？如前所云，其人生豪貴家，顏貌端正，而復能廣行善法，恭敬尊長三寶，於貧匱者肯行布施，彼身行善、口行善、意行善；其人命終時生於善處。是謂從明至明。」

●靠殺害衆生營生的人宜放下屠刀！至屠牛之人，倖得乘車馬大象，此是前世福業所致，福報若盡，苦果不旋踵而至，這一類可攝入「從明至闇」；因果絲毫不少，不可生僥倖之心。

28 布施得法，獲大果報

增壹阿含卷四十：爾時世尊告諸比丘：「當說嚫願有九種之德，汝等善思念之！吾今當敷演其義。」是時諸比丘受佛教誡。佛告比丘：「彼云何名爲嚫願九種之德？比丘當知！檀越施主成就三法；所施之物亦成就三法；受物之人亦成就三法。彼檀越施主云何成就三法？於是檀越施主信成就、誓願成就、亦不殺生，是謂檀越施主成就此三法。所施之物云何成就三法？於是施物：色成就、香成就、味成就，是謂施物三事成就。云何受物之人成就三事？於是受物之人：戒成就、智慧成就、三昧成就，是謂受施之人成就三法。如是達嚫成就此九法，獲大果報，至甘露滅盡之處。夫爲施主欲求其福者，當求方便，成就此九法。如是，比丘！當作是學。」

世出世間不出因果二字；白業有白報，黑業有黑報，雜（黑白）業有雜報。故應純修白業，去除黑業和雜業。布施而能遵循以上九法，必感來生事事如意，福慧崇隆。

又今見世間之人，有貧而樂施者，有富而慳吝者，有富而好施者，有貧而慳貪者；形形色色不一而足。推考其原因，皆由於有情過去生的習性，和修福招感果報的優劣使然。茲引證『佛爲首迦長者說業報差別經』：

「……復有業貧而樂施：若有衆生，先曾行施，不遇福田，流轉生死，在於人道；以不遇福田故，果報微劣，隨得隨盡，以習施故，雖處貧窮，而能行施。復有業富而慳貪：若有衆生，未曾布施，遇善知識，暫行一施；值良福田，以田勝故，資生具足，先不習故，雖富而慳。復有業富而能施：若有衆生，值善知識，多修施業，遇良福田，以是因緣，巨富饒財，而能行施。復有業貧而慳貪：若有衆生，離善知識，無人勸導，不能行施，以是因緣，生在貧窮，而復慳貪。」

布施固然要揀擇福田，更重要的是要養成樂善好施的習慣，這樣到來生才不會被人罵爲「爲富不仁」和「守財奴」。

布施也要注意到「適時」；即雪中送炭功德大，錦上添花就要稍遜一等了。佛陀在世時，國王大臣等固然得福無量，而獲福最深的則要推佛陀臨成道前奉獻乳糜的牧羊女！同樣道理，一個人處於困境時，能適時伸以援手；一個僧青年在道業未成就時，能亟力成全，其功德遠超過他日的「三日一小宴，五日一大宴」，和恭敬頂禮，香花供養。

29 生死隨業

別譯雜含卷八：爾時釋摩男往詣佛所，頂禮佛足，卻坐一面，而白佛言：「世尊！此迦毗羅衛人民熾盛，安隱豐樂，我常在中每自思惟，若有狂象、奔車、逸馬、狂走之人，來觸於我，我於爾時，或當忘失念佛之心，或復忘失念法、僧心。復自念言：若當忘失三寶心者，命終之時當生何處？入何趣中？受何果報？」佛告之曰：「汝當爾時勿生怖畏！命終之後，生於善處，不墮惡趣、不受惡報。譬如大樹初生長時，恆常東靡，若有斫伐，當向何方，然後墜落？當知此樹必東向倒！汝亦如是，長夜修善，若墮惡趣受惡報者，無有是處！」時釋摩男聞佛所說，頂禮佛足，還其所止。

生死隨業，是不變的定律，吾人但勤修福慧，自然能得人身，自然獲聞佛法，乃至現身得獲悟證，多餘的顧慮，不但無補於事，抑亦障礙修道。

30 如何做一個標準的居士

雜阿含卷三十三：時有釋種名摩訶男，來詣佛所，稽首佛足，退坐一面，白佛言：「世尊！云何名爲優婆塞？」佛告摩訶男：「在家清白，修習淨住，男相成就，作是説言：『我今盡壽歸佛、歸法、歸比丘僧，爲優婆塞，證知我。』是名優婆塞。」

摩訶男白佛言：「世尊！云何名爲優婆塞信具足？」佛告摩訶男：「優婆塞者，於如來所正信爲本，堅固難動，諸沙門、婆羅門，諸天、魔、梵，及餘世間所不能壞。摩訶男！是名優婆塞信具足。」

摩訶男白佛言：「世尊！云何名優婆塞戒具足？」佛告摩訶男：「優婆塞離：殺生、不與取、邪淫、妄語、飲酒，不樂作。摩訶男！是名優婆塞戒具足。」

摩訶男白佛言：「世尊！云何名優婆塞聞具足？」佛告摩訶男：「優婆塞聞具足者，聞則能持，聞則積集；若佛所説初、中、後善，善義善味，純一滿淨，梵行清白，悉能受持。摩訶男！是名優婆塞聞具足。」

摩訶男白佛言：「世尊！云何名優婆塞捨具足？」佛告摩訶男：「優婆塞捨具足者：爲慳垢所纏者，心離慳垢，住於非家，修解脫施、勤施、常施，樂捨財物，平等布施。摩訶男！是名優婆塞捨具足。」

摩訶男白佛言：「世尊！云何名優婆塞智慧具足？」佛告摩訶男：「優婆塞智慧具足者，謂此苦如實知，此苦集如實知，此苦滅如實知，此苦滅道跡如實知。摩訶男！是名優婆塞智慧具足。」

又：（別譯雜阿含卷第八）佛告摩訶男：「優婆塞雖具足信，未具禁戒，是名有信，不具於戒；欲求具足信、戒之者，當勤方便求使具足。是名信、戒滿足優婆塞。」

佛復告摩訶男：「優婆塞雖具信、戒，捨不具足，爲具足故，勤修方便令得具足。」

時摩訶男白佛言：「世尊！我於今者具信、戒、捨——具足三支。」

佛告摩訶男：「雖具三事，然不數往僧坊精舍，以是因緣名不具足；應勤方便數往塔寺。」時摩訶男言諸優婆塞：「我等今應當具足信、戒及以捨心，詣於塔寺。」

佛告摩訶男：「若能具足信、戒、捨心、數詣塔寺親近衆僧，是名具足。」

佛告摩訶男：「雖復具足如上四事，若不聽法，名不具足。」摩訶男言：「我能聽法。」

佛復告摩訶男：「雖能聽經，若不受持，亦名不具；雖能受持，不解其義，亦名不具；雖解義趣，而未能得如說修行，亦名不具。若能具足信、戒、捨心、數往塔寺、聽法、受持、解其義趣、如說修行，是則名爲滿足之行。」

時摩訶男復白佛言：「世尊！云何優婆塞具足幾支，自利、未利於他？」

佛告摩訶男：「具足八支，能自利益，未利於他。何等爲八？優婆塞自己有信，不能教他；自持淨戒，不能教人令持禁戒；自修於捨，不能教人令行布施；自往詣塔寺親近比丘，不能教人往詣塔寺親近比丘；自能聽法，不能教人令聽正法；自能受持，不能教人受持；自能解義，不能教人令解其義；自能如說修行，不教他人如說修行——是名具足八支，唯能自利，而不利他。」

時摩訶男復白佛言：「具足幾法，能自利益，亦利於他？」佛告之曰：「若能具足十六支者，如是之人，能自他利——自生信心，教人令信；自行受持，教人受持；自行捨心，亦復教人令行捨心；身自往詣僧坊塔寺，亦復教人往詣僧坊塔寺親近比丘；自能聽法，亦復教人令聽正法；自能受持，亦復教人令受持法；自解義趣，亦復教人解其義味；自如說行，亦復教人如說修行。若能具足十六支者，此則名爲自利、利他。如斯之人，若在剎利衆，若婆羅門衆，若居士衆，若沙門衆，隨所至處，能爲此衆作大照明；猶如日光除諸闇冥；當知是人，甚爲希有。」

佛說是已，摩訶男禮佛而退。

綜合右述經意：凡受三皈依的人，即入居士數——一般居士；受三皈依而復能具足信、戒、聞、施、慧五法的，可稱之爲正信居士；具足五法復能以此展轉教他的，可稱之爲大心居士。在魔强法弱的今日，在家居士應當奮身而起，個個以大心居士自居！若是優婆塞，宜向維摩詰、波斯匿王、阿育王、梁武帝，和裴休、呂蒙正等前賢看齊；若是優婆夷宜以勝鬘夫人、武則天、文成公主等爲模範。大涅槃經佛云：今以無上正法，付囑諸王、大臣、及於四衆。在家居士應當記取世尊囑咐，努力護持三寶。

31 隨生子、勝生子、下生子

雜阿含卷三一：爾時世尊告諸比丘：「有三種子！何等爲三？有隨生子，有勝生子，有下生子。

「何等爲隨生子？謂子父母不殺、不盜、不淫、不妄語、不飲酒，子亦隨學不殺、不盜、不淫、不妄語、不飲酒；是名隨生子。

「何等爲勝生子？若子父母不受不殺、不盜、不淫、不妄語、不飲酒戒，子則能受不殺、不盜、不淫、不妄語、不飲酒；是名勝生子。」

「云何下生子？若子父母受不殺、不盜、不淫、不妄語、不飲酒戒，子不能受不殺、不盜、不淫、不妄語、不飲酒戒；是名下生子。」

爾時世尊即說偈言：

「生隨及生上，智父之所欲，

生下非所須，以不紹繼故！
爲人法之子，當作優婆塞，
於佛法僧寶，勤修清淨心，
雲除月光顯，光榮眷屬衆！」

佛說此經已，諸比丘聞佛所說，歡喜奉行。

●

此中隨生子和勝生子應當學；下生子由明入暗，不可取。同樣道理：子父母皈奉三寶，子亦皈奉三寶，是名隨生子；子父母信奉外道，子則能信奉三寶，是名勝生子；子父母皈奉三寶，子反信仰外道，是名下生子。做一個正信的居士，須建立佛化家庭，慎勿使自己的子女做下生子。在家居士宜效呂蒙正相國，普勸六親眷屬信奉正法，並恆作是禱告：願子孫世世食祿，護國佑民，護持三寶；其不信三寶者，勿生吾家！

32 佛教的時空觀

雜阿含卷三四：比丘白佛：「世尊！劫長久如？」佛告比丘：「我能爲汝說，汝難得知。」比丘白佛：「可說譬不？」佛言：「可說。比丘！如大石山不斷不壞，方一由旬，若有士夫以迦尸劫貝百年一拂，拂之不已，石山遂盡，劫猶不竟。比丘！如是長久之劫，百千萬億劫……」

又法華經化城喻品：佛告諸比丘：「……爾時有佛名大通智勝如來……諸比丘！彼佛滅度已來，甚大久遠！譬如三千大千世界所有地種，假使有人磨以爲墨，過於東方千國土乃下一點，大如微塵，又過千國土復下一點，如是展轉，盡地種墨，於汝等意云何？是諸國土，若算師、若算師弟子，能得邊際、知其數不？」「不也！世尊。」「諸比丘！是人所經國土，若點不點，盡抹爲塵，一塵一劫，彼佛滅度已來，復過是數無量無邊百千萬億阿僧祇劫。」（如來壽量品的記載還超過此，但文長不錄。）

右述記載，凡夫以有思惟心卜度，將見其狂亂失性；彼耶教『創世紀』所描寫的小圈子，簡直如同兒戲！

不但如此，佛法能放能收，展則彌綸法界，收則絲髮不立；曰：「我以如來知見力故，觀彼久遠猶若今日。」曰：「若人識得心，大地無寸土。」曰：「無邊剎境自他不隔於毫端，十世古今始終不離於當念」等。今再引禪宗公案，讓我們來實際體會體會：

僧問曹山：「萬法從何而生？」山曰：「從顛倒生。」僧云：「不顛倒時萬法何在？」山曰：「在。」僧云：「在甚麼處？」山曰：「顛倒作麼？」

33

種族平等的先驅者

雜阿含卷第二十……時，摩偷羅國王，是西方王子，詣尊者摩訶迦旃延所，禮摩訶迦旃延足，退坐一面，問尊者摩訶迦旃延：「婆羅門自言：『我第一，他人卑劣；我白，餘人黑；婆羅門清淨，非非婆羅門；是婆羅門子從口生，婆羅門所化，是婆羅門所有。』尊者摩訶迦旃延！此義云何？」尊者摩訶迦旃延語摩偷羅王言：「大王！此是世間言說耳——世間言說言：『婆羅門第一，餘人卑劣……大王當知！業真實者，是依業者！』」（業決定尊貴卑劣）

王語尊者摩訶迦旃延：「此則略說；我所不解，願重分別。」尊者摩訶迦旃延言：「今當問汝，隨問答我。」即問言：「大王！汝爲婆羅門王，於自國土，諸婆羅門、刹利、居士、長者，此四種人，悉皆召來，以財以力，使其侍衛，先起後臥，及諸使令，悉如意不？」答言：「如意！」復問：「大王！刹利爲王、居士爲王、長者爲王，於自國土，所有四姓，悉皆召來，以財以力，令其侍衞，先起後臥，及諸使令，皆如意不？」答言：「如意！」復問：「大王！如是四姓，悉皆平等，有何差別！……」

「復次，大王！此國土中有婆羅門，有偷盜者，當如之何？」王白尊者摩訶迦旃延：「婆羅門中有偷盜者，或鞭、或縛、或驅出國、或罰其金、或截手足耳鼻，罪重則死。及其盜者——然婆羅門則名爲賊！」復問：「大王！若刹利、居士、長者中，有偷盜者，當復如何？」王白尊者摩訶迦旃延：「亦鞭、亦縛、亦驅出國、亦罰其金、亦復斷截手足耳鼻，罪重則殺。」「如是，大王！豈非四姓悉平等耶！……」

復問：「大王！婆羅門殺生、偷盜、邪淫、妄言、惡口、兩舌、綺語、貪、恚、邪見，作十不善業跡已，爲生惡趣耶？善趣耶？——於阿羅呵所爲何所聞。」王白尊者摩訶迦旃延：「婆羅門作十不善業跡，當墮惡趣——阿羅呵所作如是聞。」（刹利、居士、長者亦如是說）。

復問：「大王！若婆羅門行十善業跡，離殺生，乃至正見，當生何所？爲善趣耶？爲惡趣耶？——於阿羅呵所爲何所聞。」王白尊者摩訶迦旃延：「若婆羅門行十善業跡者，當生善趣——阿羅呵所作如是聞。」（如是刹利、居士、長者亦如是說。）

復問：「云何，大王！如是四姓爲平等不？爲有種種勝如差別耶？」王白尊者摩訶迦旃延：「如是義者，則爲平等，無有種種勝如差別！」「是故，大王！當知四姓悉平等耳，無有種種勝如差別……當知業真實、業依！」……

爾時摩偷羅王聞尊者摩訶迦旃延所說，歡喜隨喜，作禮而去。

●

民族優越感和種族岐視，雖在廿世紀的今日，仍然瀰漫於東西兩半球；而佛陀早於兩千五百年前，即喊出了種族平等的口號；並以論理、事證，根本推翻了主張階級劃分的說法。經中呵斥婆羅門貢高我慢的地方很多很多，右述不過舉其一例。

佛教雖主張衆生本體不二——同一佛性，而同時指出業力不失，唯業決定人的尊貴卑劣；一個人的上升或下墮，完全由其本人思想和行爲（身口意業）的善惡來決定；所謂「欲知前世的因，今生受者是；欲知來世果，今生作者是。」這種說法不但道出了宇宙人生的真理，附帶的具有誡勉作用，使人不敢爲非作歹，和努力去惡向善！

34 民主、平等、和不講權威

長阿含卷二遊行經：（佛將入涅槃）阿難言：「世尊有疾，我心惶懼，憂結荒迷，不識方面，氣息未絕，猶少醒悟。默思：如來未即滅度，世眼未滅，大法未損——何故今者不有教令於衆弟子乎？」佛告阿難：「衆僧於我有所須耶？若有自言：『我持衆僧，我攝衆僧』斯人於衆應有教命。如來不言『我持於衆，我攝於衆。』豈當於衆有教令乎？阿難！我所說法，內外已訖，終不自稱所見通達。」

●

悟道的人如漚滅歸海、華滅於空，貪愛我慢永盡無餘。世尊一生不以「領袖」自居，惟以「身教」、「言教」導引衆生；乃至臨將涅槃，猶自謙若是。今世高唱「民主」、高唱「平等」；實則民主平等的真義，唯有明心見性的人，才能窺到全豹。如果尊世尊是民主、平等的鼻祖，並非過譽！

佛教也不講「權威」；依法不依人，唯真理是尚。他不贊同人盲信；他認爲真正的信仰，是經過理智的研判和抉擇，不要被權威所嚇唬。下面一段經文可見出世尊的崇高偉大：

大寶積經卷五七：佛告難陀：「汝莫信我，莫隨我欲，莫依我語，莫觀我相，莫隨沙門所有見解，莫於沙門而生恭敬，莫作是語：『沙門喬答摩是我師。』然而但可於我自證所得之法，獨在靜處思量觀察，常多修習，隨於用心所觀之法，即於彼法觀想成就，正念而住。自爲洲渚，自爲歸處，法爲洲渚，法爲歸處；無別洲渚，無別歸處。」

這是何等胸襟！回頭看看專制帝王說的「朕即國家」，以及所謂「信我者得救」、「信我者得永生」，兩相比較，真是天壤之別！

35 真人法和耆年法

中阿含卷二一真人經：佛言：「云何不真人法？或有一人是豪貴族出家學道，餘者不然，彼因是豪貴族故，自貴賤他，是謂不真人法。真人法者，作如是觀，我不因此是豪貴族故，斷淫怒痴。或有一人不是豪貴出家學道，彼行法如法，隨順於法，向法識法，彼因此故得供養恭敬，如是趣向得其諦法者，不自貴、不賤他，是謂真人法……」

●

古印度社會，對於階級的劃分極爲嚴格，婆羅門與剎帝利高高在上，優越感極重，佛陀雖以「四姓出家，同爲釋子」加以平等攝受，但仍有部份豪貴出家者，喜妄自高大，起貢高我慢；右述經文確具有警頑立懦的功用！

佛教不但主張貴賤平等，而且反對倚老賣老的心理，認爲一個人的成就，須視其德學之有無，和斷煩惱的速緩來決定，不在於外表的髮白面皺、老態龍鍾。謹引證如後：

雜阿含卷二〇：（一年老執杖梵志責諸比丘不爲恭敬作禮）……摩訶迦旃延言：「梵志！若有耆年，八十、九十，髮白齒落，成就年少法者，此非宿士；雖復年少，年二十五、色白髮黑，盛壯美滿，而彼成就耆年法者，爲宿士數。」梵志問言：「云何名爲八十、九十，髮白齒落，而復成就年少之法？年二十五，膚白髮黑，盛壯美色爲宿士數？」

尊者摩訶迦旃延語梵志言：「有五欲功德：謂眼識色愛樂念；耳識聲、鼻識香、舌識味、身識觸愛樂念。於此五欲功德不離貪、不離欲、不離愛、不離念、不離濁；梵志！若如是者，雖復八十、九十、髮白齒落，是名成就年少之法！雖年二十五，膚白髮黑，盛壯美色，於五欲功德離貪、離欲、離愛、離念、離濁；若如是者，雖復年少，年二十五，膚白髮黑，盛壯美色，成就老人法，爲宿士數！」

36 一切苦生，皆由貪愛

雜阿含卷三二：佛告揭曇聚落主：「……聚落主！若衆生所有苦生，彼一切皆以欲爲本，欲生、欲集、欲起、欲因、欲緣，而苦生！」聚落主白佛言：「世尊極略說法，不廣分別，我所不解。善哉！世尊！唯願廣說，令我等解。」

佛告聚落主：「我今問汝，隨汝意說：聚落主，於意云何？若衆生於此鬱鞞羅聚落住者，若打、若縛、若責、若殺，汝心當起憂、悲、惱苦不？」聚落主白佛言：「世尊！亦不一向。若諸衆生於此鬱鞞羅聚落住者，於我有欲、有貪、有愛、有念、相習近者，彼遭若縛、若打、若責、若殺，我則生憂、悲、惱苦。若彼衆生所無欲、貪、愛、念、相習近者，彼遭縛、打、責、殺，我何爲橫生憂、悲、惱苦！」佛告聚落主：「是故當知，衆生種種苦生，彼一切皆以欲爲本，欲生、欲集、欲起、欲因、欲緣，而生衆苦！聚落主，於意云何？汝依父母不相見者，則生欲、貪、愛、念不？」聚落主言：「不也！世尊。」「聚落主！於意云何？若見、若聞、彼依父母，當起欲、愛、念不？」聚落主言：「如是！世尊。」復問：「聚落主！於意云何？彼依父母若無常變異者，當起憂、悲、惱苦不？」聚落主言：「如是！世尊。若依父母無常變異者，我或鄰死，豈唯憂、悲、惱苦！」佛告聚落主：「是故當知，若諸衆生所有苦生，一切皆以愛欲爲本，欲生、欲集、欲起、欲因、欲緣，而生苦！」……佛即説偈言：

「若無世間愛念者，則無憂苦塵勞患，
一切憂苦消滅盡，猶如蓮荷不著水。」

……揭曇聚落主遠塵離垢得法眼淨。

●

心性清淨，一有染著，即爲其縛，故愛財被財縛，愛名被名縛，愛眷屬被眷屬縛，乃至愛祖被祖縛，愛佛被佛縛，愛涅槃被涅槃縛，若總不愛：「猶如蓮荷不著水！」

然勿謂佛教只重理智，不講感情；須知大破除後才有大建立，上述只是將世間的真相加以理智透視，破其執著；然後返本還源，識生佛之一如，與無緣慈，發同體悲，平等利益一切有情。現在錄一段經文，以見菩薩摩訶薩是如何的慈念衆生，悲憫衆生：

華嚴經離世間品第三十八之一……普賢言：「佛子！菩薩摩訶薩以十種觀衆生而起大悲，何等爲十？所謂：觀察衆生無依無怙而起大悲；觀察衆生性不調順而起大悲；觀察衆生貧無善根而起大悲；觀察衆生長夜睡眠而起大悲；觀察衆生行不善法而起大悲；觀察衆生欲縛所縛而起大悲；觀察衆生没生死海而起大悲；觀察衆生長嬰疾苦而起大悲；觀察衆生無善法欲而起大悲；觀察衆生失諸佛法而起大悲。是爲十。菩薩摩訶薩恒以此心觀察衆生。」

37 大師唯說調伏欲貪

雜阿含卷五：尊者舍利弗告諸比丘：「閻浮提人，聰明利根，若剎利，若婆羅門，若長者，若沙門，必當問汝：『汝彼大師，云何說法？以何教教汝？』當答言：『大師唯說調伏欲貪；以此教教。』當復問汝：『於何法中，調伏欲貪？』當復答言：『大師唯說於彼色陰，調伏欲貪，於受、想、行、識陰，調伏欲貪；我大師如是說法。』彼當復問：「欲貪有何過患故，大師說於色調伏欲貪、受、想、行、識調伏欲貪？」汝復應答言：『若於色，欲不斷、貪不斷、愛不斷、念不斷、渴不斷者，彼色若變、若異，則生憂、悲、惱苦；受、想、行、識，亦復如是。見欲貪有如是過故，於色調伏欲貪，於受、想、行、識調伏欲貪。』彼當復問：『見斷欲貪，有何福利故，大師說於色調伏欲貪，於受、想、行、識調伏欲貪？』當復答言：『若於色，斷欲、斷貪、斷念、斷愛、斷渴，彼色若變、若異，不起憂、悲、惱苦；受、想、行、識，亦復如是……」。尊者舍利弗說是法時，西方諸比丘，不起諸漏，心得解脫。

●

右述為尊者舍利弗宣說欲貪過患，和離欲貪利益，諸多比丘聆法得益，解黏去縛，不起諸漏，心得解脫。下則係尊者對身遭苦患的給孤獨長者說法，勉其不依六根生貪欲識，不依六塵、六大、五蘊生貪欲識，重重蕩滌，一切法不受，因而令給孤獨長者喜極而泣。

雜阿含卷三十七：尊者舍利弗告長者言：「當如是學：不著眼，不依眼界生貪欲識；不著耳、鼻、舌、身，意亦不著，不依意界生貪欲識。不著色，不依色界生貪欲識；不著聲、香、味、觸、法，不依法界生貪欲識。不著於地界，不依地界生貪欲識；不著於水、火、風、空、識界，不依識界生貪欲識。不著色陰，不依色陰生貪欲識；不著受、想、行、識陰，不依識陰生貪欲識。」時給孤獨長者悲歎流淚。尊者阿難告長者言：「汝今怯劣耶？」長者白阿難：「不怯劣也！我自顧念，奉佛以來二十餘年，未聞尊者舍利弗說深妙法，如今所聞！」

●

佛與衆生同稟一真如性，此真如之體寂而常照，照而常寂，無始以來未曾變異；好比明鏡，雖能映現萬物，而永不與此幻影和合。諸佛聖賢，明達此理，守此自性，故得享無生大樂，和隨緣度脫衆生。凡夫則不然，貪染塵境，捨鏡體而取幻影，隨幻影而起憎愛之情，於無生中，妄受生死大苦。今欲出離生死，亦至簡單，但調伏欲貪，不認六塵緣影爲心，但對鏡中的幻影不再馳逐，自然妄盡真露，自然「生滅滅已，寂滅現前！」

38 身苦患心不苦患

雜阿含卷五：（尊者舍利弗爲那拘羅長者解釋身苦患心不苦患道理）……「善哉長者！汝今諦聽！當爲汝說：愚痴無聞凡夫，於色集、色滅、色味、色患、色離，不如實知；不如實知故，愛樂於色，言色是我、是我所，而取攝受。彼色若壞若異，心識隨轉，惱苦生；惱苦生已，恐怖、障閡、顧念、憂苦、結戀。於受、想、行、識亦復如是。是名身、心苦患。

「云何身苦患心不苦患？多聞聖弟子，於色集、色滅、色味、色患、色離，如實知；如實知已，不生愛樂，見色是我、是我所；彼色若變若異，心不隨轉惱苦生；心不隨轉惱苦生已，得不恐怖、障礙、顧念、結戀。受、想、行、識亦復如是。是名身苦患、心不苦患。」

尊者舍利弗說是法時，那拘羅長者得法眼淨。

身苦患心不苦患，佛世羅漢及唐宋禪宗大德多能辦到，此無他，佛法不建築在虛渺的理論上，亦不依憑於荒謬不經的傳說上，而是層次分明合乎邏輯，掃蕩虛妄歸於一心！若人依而行之，一定能夠達到目的地。現舉一則身苦患心不苦患的例子：

雜阿含卷九……時尊者優波先那，獨一於內坐禪，時有惡毒蛇長尺許，於上石間，墮優波先那身上。優波先那喚舍利弗：「語諸比丘！毒蛇墮我身上，我身中毒，汝等馳來，扶持我身，出置於外，莫令於內身壞碎，如糠糟聚。」時尊者舍利弗，於近處住一樹下，聞優波先那語，即詣優波先那所，語優波先那言：「我今觀汝色貌、諸根，不異於常，而言中毒，持我身出，莫令散壞，如糠糟聚，竟爲云何？」優波先那語舍利弗言：「若當有言：我眼是我、我所；耳、鼻、舌、身、意，耳、鼻、舌、身、意是我、我所。色、聲、香、味、觸、法，色、聲、香、味、觸、法是我、我所。地界，地界是我、我所；水、火、風、空、識界，水、火、風、空、識界是我、我所。色陰，色陰是我我所；受、想、行、識陰，受、想、行、識陰是我、我所者，面色諸根，應有變異。我今不爾，眼非我、我所，乃至識陰非我、我所，是故面色、諸根無有變異。」舍利弗言：「如是，優波先那！汝若長夜離我、我所、我慢、繫著使，斷其根本，如截多羅樹頭，於未來世永不復起，云何面色諸根，當有變異！」時舍利弗即周匝扶持優波先那身，出於窟外。優波先那身，中毒碎壞，如聚糠糟……。」

●

古德說：「盡大地是沙門一隻眼！」於湛寂法性中計有我、我所，即作繭自縛，即墮生死；於湛寂法性中不計有我、我所，即靈明自通，唯「我」獨尊！

39 燒燃法與不燒燃法

雜阿含卷四七：爾時世尊告諸比丘：「有燒燃法、不燒燃法！諦聽！善思！當為汝說。云何燒燃法？若男、若女，犯戒行惡不善法，身惡行成就，口、意惡行成就；若彼後時，疾病困苦，沈頓床褥，受諸苦毒；當於爾時，先所行惡悉皆憶念，譬如大山，日西影覆，如是衆生先所行惡——身、口、意業諸不善法，臨終悉現；心乃追悔：咄哉！咄哉！先不修善，但行衆惡，當墮惡趣，受諸苦毒。憶念是已，心生燒燃，心生變悔；心生悔已，不得善心命終，後世亦不善心相續生。是名燒燃法。

「云何不燒燃？若男子、女人，受持淨戒，修真實法，身善業成就，口、意善業成就；臨壽終時，身遭苦患，沈頓床褥，衆苦觸身，彼心憶念先修善法——身善行，口、意善行成就，當於爾時，攀緣善法：我作如是身、口、意善，不為衆惡，當生善趣，不墮惡趣。心不變悔；不變悔故，善心命終，後世續善。是名不燒燃法。」

●

溈山警策文中的一段，頗同於右述所說的燒燃法；惟此處的燒燃法係針對出家多年而道業無一點成就的僧尼而說：「……一朝臥疾在床，衆苦縈纏逼迫。曉夕思忖，心裡恛惶，前路茫茫，未知何往？從茲始知悔過，臨渴掘井奚爲？自恨早不預修，年晚多諸過咎！臨行揮霍，怕怖慞惶；轂穿雀飛，識心隨業，如人負債，強者先牽，心緒多端，重處偏墜。無常殺鬼，念念不停，命不可延，時不可待，人天三有應未免之。如是受生，非論劫數。感傷歎訝，哀哉切心，豈可緘言，遞相警策！」

40 如何為困篤病人說法

雜阿含卷四一：爾時難提與諸釋氏，俱詣佛所，稽首禮足，退住一面，白佛言：「……我等今日請問世尊：若智慧優婆塞，有餘智慧優婆塞、優婆夷疾病困苦，云何教化、教誡說法？」佛告難提：「若有智慧優婆塞，當詣餘智慧優婆塞、優婆夷疾病困苦者所，以三種穌息處，而教授之言：『仁者！汝當成就於佛不壞淨，於法、僧不壞淨。』

「以是三種穌息處而教授已，當復問言：『汝顧戀父母不？』彼若有顧戀父母者，當教令捨；當語彼言：『汝顧戀父母得活者，可顧戀耳！既不由顧戀而得活，用顧戀爲？』彼若言不顧戀父母者，當歎善隨喜。

「當復問言：『汝於妻子、奴僕、錢財諸物有顧念不？』若言顧念，當教令捨，如捨顧戀父母法；若言不顧念，歎善隨喜。

「當復問言：『汝於人間五欲顧念以不？』若言顧念，當為說言：『人間五欲惡露不淨，敗壞臭處，不如天上勝妙五欲。』教令捨離人間五欲，教令志願天上五欲。若復彼言心已遠離人間五欲，先已顧念天勝妙欲，歎善隨喜。

「復語彼言：『天上妙欲無常、苦、空、變壞之法，諸天上有身勝天五欲。』若言已捨顧念天欲，顧念有身勝欲，歎善隨喜。

「當復教言：『有為之欲，亦復無常、變壞之法，有行滅、涅槃、出離之樂，汝當捨離有身顧念，樂於涅槃寂滅之樂，為上、為勝。』彼聖弟子已能捨離有身顧念，樂涅槃者，歎善隨喜。

「如是難提！彼聖弟子先後次第教誡教授，令得不起涅槃猶如比丘百歲壽命解脫涅槃。」

人生如夢，凡夫貪戀夢境，一旦夢境將要破碎時，貪戀迷惑，恐怖憧惶。故古德喻死苦為生龜脫殼，螃蟹落湯。但其人若平時修持有素，臨終復得善知識開示，是可以減輕痛苦，乃至安然而逝的。瞻病者見病人疾患困篤，首先勸其皈投三寶，次令捨離世間恩愛牽纏，及種種五欲顧念，並宜將病人平日善行盡量稱揚，讚歎其功德，使患者心裡得到安慰，然後觀其平日信仰趣向，令其觀想善趣，或十方清淨佛土。或有利根上智者，則以涅槃寂滅快樂示之，方便提撕，使其猛醒，薦取不動本體；然此類根機難得，此類善知識亦復難覓，宜加注意，免致弄巧成拙。

又維摩經文殊師利問疾品，係對有疾菩薩說法，其旨趣及願力較右述說法又稍不同。今摘錄一段；如遇菩薩根機，不妨以此勸進：

「爾時文殊師利問維摩詰言：『菩薩應云何慰喻有疾菩薩？』維摩詰言：『說身無常不說厭離於身；說身有苦不說樂於涅槃；說身無我而說教導衆生；說身空寂不說畢竟寂滅；說悔先罪而不說入於過去；以己之疾愍於彼疾；當識宿世無數劫苦；當念饒益一切衆生；憶所修福念於淨命；勿生憂惱常起精進；當作醫王療治衆病。菩薩應如是慰喻有疾菩薩，令其歡喜。』」

41 善說法要，不為名利

別譯雜阿含卷四：爾時世尊於其晨朝著衣持缽，入舍衞城，次第乞食，次到婆羅突邏闍大婆羅門家，時婆羅門清淨澡手，即取佛缽，盛滿美飯，以奉世尊。於第二日，及第三日，亦次乞食，至婆羅突邏闍，婆羅門作是念：「今此剃髮沙門數來乞食，似我知舊？」佛于爾時，知婆羅門心之所念，即說偈言：

「天雨數數降，五穀數數熟，
道人數數乞，檀越數數與，
數數生天上，數數受果報；
婦女數懷妊，數數生子息，
數數犂牛乳，數數得酥酪；
數數受於生，數數消滅盡，
數數至於死，數數悲苦惱，

亦復數數燒，數數埋塚墓；
得斷後有道，則止不數數，
若不數數生，亦不數數死，
得不數數憂，亦不數數號哭。」

爾時婆羅門，聞說是偈已，心生最上信，踴躍甚歡喜，即取世尊缽，盛滿種種食，欲以授與佛，佛不為其受，所以不受者，為說法偈故！

世尊不愧為法王，僅因該婆羅門起嫌「數來乞食，似我知舊？」而一連串的說出「數數」的伽他，寓意深遠，發人深省，使得婆羅門心悅誠服，踴躍歡喜！

又世尊恭敬法，不因說偈故，受人飲食；故知說法不能忘卻名利，乃至為人誦經拜懺，貪圖人的「紅包」，皆是深違佛意，和對

「法」不恭敬！

42 色身無常，涅槃可欣

增壹阿含卷十八：爾時尊者阿難至世尊所，頭面禮足，在一面住。斯須，復以兩手摩如來足已，復以口嗚如來足上，而作是說：「天尊之體，何故乃爾極緩？今如來之身不如本故！」世尊告曰：「如是，阿難！如汝所言，今如來身皮肉已緩，今日之體不如本故。所以然者？夫受形體，爲病所逼。若應病衆生，爲病所困；應死衆生，爲死所逼。今日如來，年已衰微，年過八十。」是時阿難聞此語已，悲泣哽噎不能自勝，並作是語：「咄哉！老至乃至於斯。」……爾時世尊即就波斯匿王坐，是時王波斯匿與世尊辦種種飲食。觀世尊食竟，王更取一小座，在如來前坐，向世尊曰：「云何，世尊！諸佛形體皆金剛數，亦當有老、病、死乎？」世尊告曰：「如是，大王！如大王語，如來亦當有此生、老、病、死。我今亦是人數，父名真淨，母名摩耶，出轉輪聖王種。」爾時世尊便說此偈：

「諸佛出於人，父名曰真淨，
母名極清妙，豪族剎利種。
死徑爲極困，都不觀尊卑，
諸佛尚不免，況復餘凡俗！」

……爾時世尊告諸比丘：

「有四法，在世間人所愛敬！云何爲四？少壯之年，世間人民之所愛敬；無有病痛，人所愛敬；壽命人所愛敬；恩愛聚集，人所愛敬。是謂，比丘！有此四法，世間人民之所愛敬。

「復次，比丘！復有四法，世間人民所不愛敬！云何爲四？比丘當知：少壯之年，若時老病，世人所不喜；若無病者，後便得病，世人所不喜；若有得壽命，後便命終，世人所不喜；恩愛得集，後復別離，是世人不喜。是謂，比丘！有此四法與世迴轉，諸天、世人，乃至轉輪聖王、諸佛世尊，共有此法。是爲，比丘！世間有此四法與世迴轉。

「若不覺此四法時，便流轉生死，周旋五道。云何爲四？賢聖戒、賢聖三昧、賢聖智慧、賢聖解脫！是爲，比丘！有此四法而不覺知者，則受上四法。我今及汝等，以覺知此賢聖四法，斷生死根，不復受有。如今如來形體衰老，當受此衰耗之報。是故，諸比丘！當求此永寂涅槃——不生、不老、不病、不死、無恩愛別離。常念無常之變！如是比丘當作是念。」

●

佛陀的法身雖湛寂不動，而應化色身，仍然要受到無常的支配；諸佛尚爾，何況凡夫？故知色身不可依恃，唯有依聖教努力修持，求證涅槃，才能免除諸端苦惱。又世尊示現老病，乃至最後入般涅槃，也所以破除衆生以色身見如來的見解；古德說「羣靈本源，假名爲佛」，如能迴光返照，一念緣起無生，當下即與諸佛見面！

43 世間無常，國土危脆

中阿含經卷第二：爾時世尊告諸比丘：「一切行無常，不久住法、速變易法、不可猗（倚）法；如是諸行不當樂著，當患厭之，當求捨離，當求解脫！所以者何？有時不雨，當不雨時，一切諸樹、百穀、藥木皆悉枯槁，摧碎滅盡，不得常住。是故一切行無常，不久住法，速變易法，不可猗法；如是諸行不當樂著，當患厭之，當求捨離，當求解脫！

「復次，有時二日出世，二日出時，諸溝渠川流皆悉竭盡，不得常住。是故一切行無常，不久住法，速變易法，不可猗法；如是諸行不當樂著，當患厭之，當求捨離，當求解脫！

「復次，有時三日出世，三日出時，諸大江河皆悉竭盡，不得常住。是故一切行無常，不久住法，速變易法，不可猗法；如是諸行不當樂著，當患厭之，當求捨離，當求解脫！

「復次，有時四日出世，四日出時，諸大泉源——從閻浮洲五河所出：一曰恒伽，二曰搖尤那，三曰舍牢浮，四曰阿夷羅婆提，五曰摩企——彼大泉源皆悉竭盡，不得常住。是故一切行無常，不久住法，速變易法，不可猗法；如是諸行不當樂著，當患厭之，當求捨離，當求解脫！

「復次，有時五日出世，五日出時，大海水減一百由延（由旬），轉減乃至七百由延。五日出時，海水餘有七百由延，轉減乃至一百由延。五日出時，大海水減一多羅樹，轉減乃至七多羅樹。五日出時，海水餘有七多羅樹，轉減乃至一多羅樹。五日出時，海水減一人，轉減乃至七人。五日出時，海水餘有七人，轉減乃至一人。五日出時，海水減至頸、至肩、至腰、至胯、至膝、至踝，有時海水消盡，不足没指。是故一切行無常，不久住法，速變易法，不可猗法；如是諸行不當樂著，當患厭之，當求捨離，當求解脫！

「復次，有時六日出世，六日出時，一切大地須彌山王，皆悉煙起，合爲一煙；譬如陶師始爨灶時，皆悉煙起，合爲一煙。如是六日出時，一切大地須彌山王，皆悉煙起，合爲一煙。是故一切行無常，不久住法，速變易法，不可猗法；如是諸行不當樂著，當患厭之，當求捨離，當求解脫！

「復次，有時七日出世，七日出時，一切大地須彌山王洞然俱熾，合爲一焰。如是七日出時，一切大地須彌山王洞然俱熾，合爲一焰……七日出時，須彌山王百由延崩散壞滅盡，二百由延、三百由延，乃至七百由延崩散壞滅盡。七日出時，須彌山王及此大地燒壞消滅無餘灰燼，如燃酥油，煎熬消盡，無餘煙墨；如是七日出時，須彌山王及此大地無餘灰燼。是故一切行無常，不久住法，速變易法，不可猗法，如是諸行不當樂著，當患厭之，當求捨離，當求解脫！」

●

有情的正報——色身，有生老病死；有情的依報——山河大地，有成住壞空。此在破有情對依報的貪執。右述經文，節節緊逼，使人惶惶然有末日來臨之感。經云：一切行無常，生者必有死；不生則不死，此滅最爲樂。吾人欲免斯患，唯有精進修行；一旦無明夢醒，此諸怖畏皆息矣！

又七日出世，在我國古代亦有傳說——如十太陽施虐，后羿射日的故事。七日出世在今人的看法或認爲未必有此可能，然不久前曾有科學家預言，地球有一日會被烘乾，其情景當與右述無大差別。又經典中橫說豎說，或根據聖智所見，或隨順世間而說，無非要衆生背塵合覺；實無一法與人。學者宜善體會佛說法旨意，不要捨本求末，在枝節上鑽牛角尖。百丈大師云：「但一切言教，只明如今鑒覺自性。」看經教宜作恁麼會。

44 守護根門、繫心正念

雜阿含卷四七：爾時世尊告諸比丘：「過去世時，有一貓狸，飢渴羸瘦，於孔穴中伺求鼠子。若鼠子出，當取食之。有時鼠子出穴遊戲，時彼貓狸疾取食之。鼠子身小，生入腹中；入腹中已，食其內藏，食內藏時，貓狸迷悶，東西狂走，空宅、塚間，不知何止，遂至於死。

「如是，比丘！有愚痴人依聚落住，晨朝著衣持缽，入村乞食，不善護身，不守根門，心不繫念，見諸女人，起不正思惟，而取色相，發貪欲心；貪欲發已，欲火熾然，燒其身心，燒身心已，馳心狂逸，不樂精舍、不樂空閒、不樂樹下，爲惡不善心侵食內法，捨戒退減；此愚痴人長夜當得不饒益苦。是故，比丘！當如是學：善護其身、守護根門、繫心正念，入村乞食；當如是學。」

比丘、比丘尼因「色」而罷道還俗的，比比皆是，故世尊於經中反復叮嚀，欲人遠離。然最根本與最妥當的方法無如守護根門。何以故？以放縱根門故，與塵境接觸，以「觸」故生苦樂受，因樂「受」故，起貪「愛」之情，因貪愛故起身口意追求，思欲「取」得；發展至此即不可收拾矣！相反的，如能攝護諸根「慎勿視女色、亦莫共言語」，則受、愛、取猶如龜毛兔角，虛妄盡離；虛妄既離則心意寂靜樂修梵行；再加功修行，即慧光內發，慢慢見到父母未生前的本來面目。

然今日環境複雜，接觸頻繁，且出家人要宏法利生，畢竟不能終日閉目藏睛，故只有退而求其次——繫心正念：「阿難白佛言：佛滅度後，諸女人輩來受誨者，當如之何？佛告阿難：莫與相見。阿難又白：設相見者當如之何？佛言：莫與共語。阿難又白：設與語者當如之何？佛言：當自檢心。」（長阿含卷四）「若與語者，正心思念：我為沙門，處於濁世，當如蓮華，不為泥污；想其老者如母，長者如姊，少者如妹，稚者如子，生度脫心，息滅惡念。」（四十二章經）

欲實無味，猶如痴犬嚙枯骨，脣破血流，犬還以為得味，吮舐不休；無智凡夫亦復如是，於虛妄中妄生喜樂。又世尊說：有二事永無滿足，謂飲酒與淫慾，是二事永無滿足。故應深加鄙賤，深生厭離。除了守護根門、繫心正念外，還要時時觀生滅、觀空，修不淨觀、修無常想。又經中常常見到的四句偈允宜時加誦讀：

「欲我知汝本，意以思想生；
我不思想汝，則汝而不有！」

45 訶欲三部曲

雜阿含卷四三：婆蹉王優陀延那問尊者賓頭盧：「何因何緣，新學年少比丘，於此法、律，出家未久，極安樂住，諸根欣悅，顏貌清淨，膚色鮮白，樂靜少動；堪能盡壽，修持梵行，純一清淨？」尊者賓頭盧答言：「如佛所說，如來、應、等正覺所知所見，為比丘說：『汝諸比丘，若見宿人當作母想，見中間者作姊妹想，見幼稚者當作女想。』以是因緣，年少比丘，於此法、律出家未久，安隱樂住，諸根敷悅，顏貌清淨，膚色鮮白，樂靜少動；堪能盡壽，修持梵行，純一清淨。」（慈悲觀）

婆蹉王優陀延那語尊者賓頭盧言：「今諸世間貪求之心——若見宿人而作母想，見中年者作姊妹想，見幼稚者而作女想：當於爾時心亦隨起，貪欲燒燃、瞋恚燒燃、愚痴燒燃——要當更有勝因緣不？」尊者賓頭盧語婆蹉王優陀延那：「更有因緣！如世尊說：如來、應、等正覺所知所見，爲諸比丘說：『此身從足至頂，骨幹肉塗，覆以薄皮，種種不淨充滿其中；周遍觀察——髮、毛、爪、齒、塵垢、流涎、皮、肉、白骨、筋、脈、心、肝、肺、脾、腎、腸、肚、生藏、熟藏、胞、淚、汗、涕、沫、肪、脂、髓、痰、癊、膿、血、腦、汁、屎、溺。』此因此緣故，年少比丘於此法、律，出家未久，安隱樂住，乃至純一清淨。」（不淨觀）

婆蹉王優陀延那語尊者賓頭盧：「人心飄疾，若觀不淨，隨淨想現。頗更有因緣，令年少比丘於此法、律，出家未久，安隱樂住，乃至純一滿淨不？」尊者賓頭盧言：「大王！有因有緣！如世尊說：如來、應、等正覺所知所見，告諸比丘：『汝等應當守護根門，善攝其心——若眼見色時，莫取色相，莫取隨形好，增上執取。若於眼根不攝斂住，則世間貪、愛、惡不善法則漏其心，是故汝等當受持眼律儀。耳聲、鼻香、舌味、身觸、意法亦復如是，乃至受持意律儀。』」（守護根門，善攝其心）

爾時婆蹉王優陀延那語尊者賓頭盧：「善哉！善說法，乃至受持諸根律儀。尊者賓頭盧！我亦如是，有時不守護身，不持諸根律儀，不一其念，入於宮中，其心極生貪欲熾燃，恚、痴燒燃；正使閒房獨處，亦復三毒燒燃其心，況復宮中！又、我有時善護其身，善攝諸根，專一其念，入於宮中，貪欲、恚、痴不起燒燃其心；於內宮中尚不燒身，亦不燒心，況復閒獨！以是之故，此因此緣，能令年少比丘於此法、律，出家未久，安隱樂住，乃至純一滿淨。」

時婆蹉王優陀延那聞尊者賓頭盧所說，歡喜隨喜，從坐起去。

●

雖然，右述尚是對一般根機說法，若是上根利智，則知此貪愛，由於妄心取境而有——或提話頭：前後際斷，照體獨立。或修無念「無念即無男，無念即無女，無念即無愛，無念即無憎，無念無生死，無念無涅槃；正無念時，無念不自。」（無住禪師慣以此無念誨人）無念中，萬境俱寂靈光獨耀，祖佛尚不可得，何來世間貪愛之心！

46

九惱法和九無惱法

長阿含卷九、十上經：舍利弗告諸比丘：「……云何九退法？謂九惱法：有人已侵惱我、今侵惱我、當侵惱我；我所愛者已侵惱、今侵惱、當侵惱；我所憎者已愛敬、今愛敬、當愛敬。

「云何九增法？謂九無惱：彼已侵我，我惱何益？已不生惱、今不生惱、當不生惱！我所愛者，彼已侵惱，我惱何益？已不生惱、今不生惱、當不生惱！我所憎者，彼已愛敬，我惱何益？已不生惱、今不生惱、當不生惱！」

●

瞋恚憎嫉，爲衆生大病，佛在經中廣明種種對治方法，然習深衆生，對境生心，總覺放不下，今如能以右述經文時時誦習，自然火氣漸消，不生計較之心。

47 福慧雙修四料簡

增壹阿含卷二一：爾時世尊告諸比丘：「有四人出現於世！云何爲四？或有人身樂心不樂；或有人心樂身不樂；或有人心亦不樂身亦不樂；或有人身亦樂心亦樂。

「彼何等人身樂心不樂？於是，作福凡夫人，於四事供養衣被、飲食、床臥具、病瘦醫藥，無所乏短，但不免餓鬼、畜生、地獄道，亦復不免惡趣中。是謂此人身樂心不樂。

「彼何等人心樂身不樂？所謂阿羅漢不作功德，於是四事供養之中，不能自辦終不能得，但免地獄，餓鬼、畜生之道：猶如羅漢維喻比丘。是謂此人心樂身不樂。

「彼何等人身亦不樂心亦不樂？所謂凡夫之人不作功德，不能得四事供養衣被、飲食、床臥具、病瘦醫藥，恒不免地獄、餓鬼、畜生道，是謂此人身亦不樂心亦不樂。

「彼何等人身亦樂心亦樂？所謂作功德阿羅漢，四事供養無所短乏：衣被、飲食、床臥具、病瘦醫藥，復免地獄、餓鬼、畜生道，所謂尸波羅比丘是。

「是謂，比丘！世間有此四人。是故，比丘！當求方便，當如尸波羅比丘。如是，諸比丘！當作是學。」

●

中土比丘、比丘尼慧淺福更薄，飽受委曲：身為大覺世尊弟子，卻被人譏為迷信、落伍份子；忙寺務、忙佛事、做苦工、化小緣，所得的只是粗衣素食，而猶為人所不滿，加以種種難聽名詞；不但受到社會人士的揶揄奚落，還要遭到不正信居士的嘲弄挑剔。經說：假使千百劫，所作業不亡，因緣會遇時，果報還自受。目前的種種，雖說是僧尼本身努力不夠，然何嘗不是前生沒有結善緣，福薄招感！三界浮沈，非福何憑？沒有福，在生死中將受到焦頭爛額的苦楚！故福不可不惜，福不可不修。修福範圍很廣，凡屬利他的皆攝在內，除了常行財施、法施外，小至發一念隨喜之心皆不應棄；而世尊的不捨穿針之福，尤可做爲吾人修福的最好榜樣。自然，修福要與佛法相應，要廣結佛緣，才能得到身樂心亦樂的果報！否則，與其身樂心不樂，不如做個心樂身不樂的苦惱僧了。

48 七種斷煩惱法

中阿含卷二漏盡經：爾時世尊告諸比丘：「……有七斷漏、煩惱、憂慼法！云何爲七？有漏從見斷，有漏從護斷，有漏從離斷，有漏從用斷，有漏從忍斷，有漏從除斷，有漏從思惟斷！

「云何有漏從見斷耶？凡夫愚人不得聞正法，不值真知識，不知聖法，不調御聖法，不知如真法，不正思惟故，便作是念：我有過去世？我無過去世？我何因過去世？我云何過去世耶？我有未來世？我無未來世？我何因未來世？我云何未來世耶？……（種種卜度，猶如今人之各執一辭，所謂唯心論、唯物論、神造世人，以及宿命論、斷滅論等等）是謂見之蔽，爲見所動，見結所繫，凡夫愚人以是之故，便受生、老、病、死苦也。多聞聖弟子得聞正法，值真知識，調御聖法，知如真法：知苦如真，知苦集、知苦滅、知苦滅道如真。如是知如真已，則三結盡：身見、戒取、疑三結盡已，得須陀洹，不墮惡法，定趣正覺，極受七有，天上人間七往來已，便得苦際。若不知見者，則生煩惱、憂慼；知見則不生煩惱、憂慼。是謂有漏從見斷也。（見四聖諦已則知以上唯心唯物種種卜度，皆是戲論；世間一切邪見自然遠離。）

「云何有漏從護斷耶？比丘！眼見色護眼根者，以正思惟不淨觀也；不護眼根者，不正思惟以淨觀也。若不護者，則生煩惱、憂慼；護則不生煩惱、憂慼。如是耳、鼻、舌、身、意知法，護意根者，以正思惟不淨觀也；不護意根者，不正思惟以淨觀也。若不護者，則生煩惱、憂慼，護則不生煩惱、憂慼。是謂有漏從護斷也。（攝護六根，不貪染塵境，則煩惱無由得侵。）

「云何有漏從離斷耶？……比丘者，應當離惡知識、惡朋友、惡異道、惡閭里、惡居止，若諸梵行與其同處，人無疑者而使有疑，盡當遠離。若不離者，則生煩惱、憂慼，離則不生煩惱、憂慼。是謂有漏從離斷也。」（憒鬧場所、不潔書刊、皆宜遠離；不良嗜好的戒絕，男女授受不親觀念的養成，也極重要。）

「云何有漏從用斷耶?比丘!若用衣服,非爲利故,非以貢高故,非爲麗飾故;但爲蚊虻、風雨、寒熱故,以慚愧故也。若用飲食非爲利故,非以貢高故,非爲肥悅故;但爲令身久住,除煩惱、憂慼故,以行梵行故,欲令故病斷,新病不生故,久住安隱無病故也。若用居止房舍、床褥、臥具,非爲利故,非以貢高故,非爲麗飾故,但爲疲倦得止息故,得靜坐故也。若用湯藥,非爲利故,非以貢高故,非爲肥悅故,但爲除病惱故,攝御命根故,安隱無病故。若不用者則生煩惱、憂慼;用則不生煩惱、憂慼。是謂有漏從用斷也。」(於四事供養不節不恣,時時作瘉瘡想;於寺產作神聖想,作十方物想,不敢存絲毫據爲己有想。)

「云何有漏從忍斷耶?比丘!精進斷惡不善,修善法故,常有起想,專心精勤,身體、皮肉、筋骨、血髓,皆令乾竭,不捨精進,要得所求,乃捨精進。比丘!復當堪忍饑渴、寒熱、蚊虻、蠅蚤,風日所逼,惡聲捶杖,亦能忍之;身遇諸病,極爲苦痛,至命欲絕,諸不可樂,皆能堪忍。若不忍者則生煩惱、憂慼;忍則不生煩惱、憂慼。

是謂有漏從忍斷也。」（末法修行尤應堅一其心；忍得住寂寞，忍得住聲色誘惑，忍得住世人譏嘲，忍得住周遭一切煩擾；但自擇善固執，默默修行，潛培福慧。）

「云何有漏從除斷耶？比丘！生欲念不除斷捨離，生恚念、害念不除斷捨離；若不除者，則生煩惱、憂慼，除則不生煩惱、憂慼。是謂有漏從除斷也。」（此與後之有漏從思惟斷，皆注重於內心貪瞋痴煩惱的消除；欲斷貪瞋痴，須勤修戒定慧三無漏學。）

「云何有漏從思惟斷耶？比丘！思惟初念覺支，依離、依無欲、依於滅盡，趣至出要；擇法、精進、喜、息、定，思惟第七捨覺支，依離、依無欲、依於滅盡，趣至出要。若不思惟者，則生煩惱、憂慼，思惟則不生煩惱、憂慼。是謂有漏從思惟斷也。」（此依七覺支斷煩惱根本；七覺支修法雜阿含卷二七釋之甚詳。斷煩惱法門極多，他如四念處，四正勤、四如意足、五根、五力、八正道以及參禪、修止觀、念佛等等皆是。）

「若使比丘有漏從見斷則以見斷，有漏從護斷則以護斷，有漏從離斷則以離斷，有漏從用斷則以用斷，有漏從忍斷則以忍斷，有漏從除斷則以除斷，有漏從思惟斷則以思惟斷。是謂，比丘！一切漏盡諸結已解，能以正智而得苦際。」

佛說如是，諸比丘聞佛所說，歡喜奉行。

●

律部中對於煩惱對治的開示，也頗不乏見，今錄一則：

律攝卷十四：「苾芻修行之時，有二種煩惱，或容生起：由忘正念，便憶曾經遠境，起染愛心，造衆過失；復由現前近境，起染愛心而犯衆罪。了知起犯緣已，即於此事生對治心，令其除滅。若染緣強盛，不能除遣，應就尊宿及閑三藏有德行者，請受教誡，作意蠲除。若仍不息，當勤晝夜讀誦聞思，簡擇深義；於三寶所至誠供養；師長等處忘自劬勞，盡心供給；或遊他方；或復減食；或往屍林，獨居阿蘭若，修不淨觀等；或爲四念住；或作無常、死想，冀令煩惱除滅。

若仍不除，應生慚愧，作如是念：我所為非，戒不清淨，而復受他信心施主四事供養；又復諸佛，及有天眼同梵行者，並諸天神悉觀見我，為此不應造衆罪業。當自剋責，如救頭然，於清淨境，說除其罪，勿致後悔。若作如前對治行時，性多煩惱，未能殄息，應審自觀察，或應捨戒而為白衣，勿令有罪受他信施，由受用時，更造衆多罪惡之業，定感當來苦異熟果。如經廣說，應善修持。」（重治毗尼集要，文有潤飾）

●

煩惱未生時，謹慎防範，不令其生；已生努力剋制，使其殄息。如果業緣現前，力不勝習，即應考慮還俗。不宜身著袈裟，暗行穢事，甚至天良喪盡，做出傷天害理的事，使得報章喧傳，輿論嘩然；自己身敗名裂，無臉見人事小，而整個佛門蒙污，同道痛心，衆生退失信心。敗壞正法，狠心曷過於此？其罪過豈是五逆十惡所可比擬？

其感報必定如地藏經所說的永處無間地獄，千劫萬劫求出無期！

49 諸惡莫作，眾善奉行，自淨其意，是諸佛教

增壹阿含卷四十三：爾時世尊告諸比丘：「若有衆生奉行十法便生天上；又行十法便生惡趣；又行十法入涅槃界！

「云何修行十法，生惡趣中？於是有人：殺生、盜劫、淫泆、妄言、綺語、惡口、兩舌鬥亂彼此、嫉妒、瞋恚、興起邪見。是謂十法。其有衆生，行此十法，入惡趣中。

「云何修行十法，得生天上？於是有人：不殺、不盜、不淫、不妄言、不綺語、不惡口、不兩舌鬥亂彼此、不嫉妒、不恚害、不興起邪見。若有人行此十法者，便生天上。

「云何修行十法，得至涅槃？所謂十念——念佛、念法、念比丘僧、念天、念戒、念施、念休息、念安般（數息觀）、念身、念死

（此十法卷二有詳解）。是謂修行十法，得至涅槃。

「比丘當知！其生天及惡趣者，當念捨離；其十法得至涅槃者，善修奉行。如是，比丘！當作是學。」

●

佛法終竟目的在出世，但衆生根機利鈍有別，病異藥亦異；大體說：先以福捨罪，次以捨捨福。先以十善法對治十惡，次以智慧觀照此十善法亦復虛妄不實，雖終日修善而心不貪著，所謂「以無我、無人、無衆生、無壽者修一切善法，即得阿耨多羅三藐三菩提。」

遠離十不善法，是爲諸惡莫作；力行十善（指積極的，如不殺生進而放生），是爲衆善奉行；行善但爲助發真性，不貪著功德，是爲自淨其意。佛法浩瀚，此四句偈攝盡矣！茲再錄一則經語，來發揮此四句偈含義——六十華嚴卷二四：

「……又深思惟：

——行十不善道，則墮地獄、餓鬼、畜生。（諸惡莫作）

——行十善道，則生人處，乃至有頂。（衆善奉行）

——又是十善道，與智慧和合修行，若心怯弱，樂少功德，厭畏三界，大悲心薄，從他聞法，至聲聞乘。（自淨其意，下同）

——若行是十善道，不從他聞，自然得知，不能具足大悲方便，而能深入衆因緣法，至辟支佛乘。

——若行是十善道清淨具足，其心廣大無量無邊，於衆生中起大慈悲，有方便力，志願堅固，不捨一切衆生，求佛大智慧，淨菩薩諸地，淨諸波羅密，入深廣大行，則能得佛十力、四無所畏、四無礙智、大慈大悲，乃至具足一切種智，具足佛法。」

50 己所不欲，勿施於人

雜阿含卷卅七：爾時世尊告諸婆羅門長者：「我當爲說自通之法，諦聽善思！何等自通之法？謂聖弟子作如是學。

——我作是念：若有欲殺我者，我所不喜；我若所不喜，他亦如是，云何殺彼？作是覺已，受不殺生，不樂殺生。

——如上說，我若不喜人盜於我，他亦不喜；我云何盜他？是故持不盜戒，不樂於盜。

——如上說，我既不喜人侵我妻，他亦不喜；我今云何侵人妻婦？是故受持不他淫戒。

——如上說，我尚不喜爲人所欺，他亦如是；云何侵他？是故受持不妄語戒。

——如上說，我尚不喜他人離我親友，他亦如是：我今云何離他親友？是故不行兩舌。

——我尚不喜人加麤言，他亦如是；云何於他而起罵辱？是故於他不行惡口。

——如上說，我尚不喜人作綺語，他亦如是；云何於他而作綺語？是故於他不行綺飾。

如上說，如是七種名爲聖戒。……」

●

右述說法，同於儒家的「己所不欲，勿施於人」；雖不談義理，不說果報，但捫心自問，反躬自求，自然不忍之心生起，自然止惡行善。

又學道之人，宜嚴於責己，寬於責人，充分發揚「忠恕」精神。學道之人宜時作是念：我亦有是貪瞋痴，亦有是習氣毛病；云何於他看不順眼？云何於他諸多挑剔？如此時時迴光返照，於他則能諸多包涵和生憐憫心，於己則能發起慚愧心，削薄煩惱。儒佛二家雖淺深有別，要之在世間法上是沒有什麼差別的。

51 障人說法，得不善報

長阿含卷十七露遮經：時（露遮）婆羅門即出彼村，詣尸舍婆林中，至世尊所，問訊已，一面坐，佛爲說法，示教利喜，婆羅門聞法已，白佛言：「唯願世尊及諸大衆，明受我請。」爾時世尊默然受請。彼婆羅門見佛默然，知已許可，即從坐起，遶佛而去。去佛不遠，便起惡見言：「諸沙門、婆羅門多知善法，多所證成，不應爲他人說，但自知休，與他說爲？譬如有人壞故獄已，更造新獄，斯是貪惡不善法耳！」……

（佛加糾正）佛告露遮：「汝勿復爾生此惡見……露遮！有四沙門果，何者爲四？謂須陀洹果、斯陀含果、阿那含果、阿羅漢果。云何，露遮！有人聞法應得此四沙門果，若有人遮言：『勿爲說法。』設用其言者，彼人聞法得果以不？」答曰：「不得。」又問：「若不得果，得生天不？」答曰：「不得。」又問：「遮他說法，使不得果，不得生天，爲是善心？爲不善心耶？」答曰：「不善。」又問：「不善心者，爲生善趣？爲墮惡趣？」答曰：「生惡趣。」「露遮！猶如有人語波斯匿王言：王所有國土，其中財物，王盡自用，勿給餘人。云何，露遮！若用彼人言者，當斷餘人供不？」答曰：「當斷。」又問：「斷他供者，爲是善心？爲不善心？」答曰：「不善心。」又問：「不善心者，爲生善趣？爲墮惡道？」答曰：「隨惡道。」「露遮！彼亦如是。有人聞法，應得四沙門果，若有人言：勿爲說法。設用其言者，彼人聞法得果不？」答曰：「不得。」又問：「若不得果，得生天不？」答曰：「不得。」又問：「遮他說法，使不得道果，不得生天，彼爲是善心？不善心耶？」答曰：「不善。」又問：「不善心者，當生善趣？爲墮惡道？」答曰：「墮惡道。」……

● 說法功德最大，能使未生信衆生起信，已信者增長，已增長者得成熟，能令魔外消聲匿跡，能使正法昌隆興盛；故對說法者應深生恭敬，深加讚歎隨喜；其或心存不善，對說法者妄加留難，妄加譏評，使以上善法皆不得成，那麼，果報是不堪設想的！自然，說法者亦應深生慚愧，哀求三寶加被，不謬正理，慈心而說，否則，已業未成好爲人師，心存人我摻雜名利，則名爲宏法而實謗法，正符合露遮婆羅門所說的「譬如有人壞故獄已更造新獄，斯是貪惡不善法耳！」

52 神通未足為常法

長阿含卷十六堅固經：時，堅固長者子白佛言：「善哉！世尊！唯願今者勅諸比丘，若有婆羅門、長者子、居士來，當爲現神足，顯上人法。」佛告堅固：「我終不教諸比丘爲婆羅門、長者、居士而現神足上人法也！我但教弟子於空閒處靜默思道。若有功德當自覆藏；若有過失當自發露。」（堅固子三請，世尊三次未允；下諭以神通未足爲常法）

「長者子！比丘習無量神足，能以一身變成無數，以無數身還合爲一，若遠若近，山河石壁，自在無礙，猶如行空；於虛空中結跏趺坐，猶如飛鳥；出入大地，猶如在水；若行水上，猶如履地；身出煙火，如大火聚；手捫日月，立至梵天。若有得信長者、居士，見此比丘現無量神足，立至梵天，當復詣餘未得信長者、居士所而告之言：『我見比丘，現無量神足，立至梵天。』彼長者、居士未得信者，語得信者言：『我聞有瞿羅咒，能現如是無量神變，乃至立至梵天。……』彼不信者有如此言，豈非毀謗言耶？」堅固白佛言：「此實是毀謗言也！」佛言：「我以是故，不勅諸比丘現神變化，但教弟子於空閒處靜默思道。若有功德當自覆藏，若有過失當自發露……。」

現今科技發達，外道猖獗，神通一法尤不易取信於人，和容易招謗。如對不信佛法的人說：證通比丘能現無量神變，立至梵天。彼則答曰：此不為難，人造衞星在太空中神速運行，勝過你們佛教。如對耶教徒宣說佛菩薩神蹟，彼則曰：吾主耶穌能使盲者復明，能驅附身鬼怪，能現種種神變，我經中記載真實，汝等不實。還有一種人則根本否定神通的真實性，認為是虛構的，是後人揑造的；乃至斥神通是左道旁門，是妖異惑衆……似此種種無理取鬧，糾纏不清，實有辯不勝辯之慨！故宜觀機逗教，對神通一法，不予過份强調。又修道之人，念空情忘，有所感通，宜善自收斂，如愚似痴，切遵「若有功德當自覆藏，若有過失當自發露。」教誡，一來避世譏嫌，二來於道始有增進份。

53 不輕慢未悟善知識

雜阿含卷十四……尊者殊勝言：「我說有滅則寂滅、涅槃，而非漏盡阿羅漢也。」尊者那羅言：「所說不同，前後相違。如尊者所說：『有滅則寂滅、涅槃。』而復言：『非漏盡阿羅漢耶？』」尊者殊勝語尊者那羅言：「今當說譬，夫智者以譬得解。如曠野路邊有井，無繩無罐得取其水；時有行人熱渴所逼，繞井求覓，無罐無繩，諦觀井水如實知見而不觸身。如是，我說有滅則寂滅、涅槃，而自不得漏盡阿羅漢。」

●

由以上譬喻可以了達，雖是具縛凡夫，但如夙具善根，或佛學修養頗高，則一樣能述說聖人境界，而不致有所謬誤！如阿難尊者居於學地，能受持十二分教，以及説法使對方證果等，即係顯著一例。故對於真實參禪的人，以及真實研教的善知識，要虛心請益，不宜以其未悟，而生輕慢心！

又經書語錄爲諸佛諸祖的法身舍利，捨卻經書語錄即無佛法可言，故須生難遭想，時時研習：「你但東卜西卜，忽然卜著也不定。」（雲門語）即使卜不著，而「一染識田，永爲道種」，亦可爲來生入道之階。佛法本是應病與藥，有時立文字，有時不立文字，因時、因地、因人而有不同的施設；佛教今日猶如患瀉病，如果更服瀉鹽及巴豆之類的藥物，病情將益見嚴重，將更見沒有生氣了！處今之世，爲了搶救衆生慧命，爲了使佛法屹立不移於世，第一要務在勸勉人親近經典，甚不宜引用一些「入海算沙」，「説食不飽」的話，擋人向學之心。自然，研參經書語錄，出發點要正，要善用其心，此二點爲最不可缺！

54 聲聞慈和菩薩慈

雜阿含卷十三……佛告富樓那：「我已略說法教，汝欲何所住？」富樓那白佛言：「世尊！我已蒙世尊略說教誡，我欲於西方輸盧那人間遊行。」

佛告富樓那：「西方輸盧那人兇惡、輕躁、弊暴、好罵，富樓那！汝若聞彼兇惡、輕躁、弊暴、好罵、毀辱者，當如之何？」富樓那白佛言：「世尊！若彼西方輸盧那國人，面前兇惡、訶罵、毀辱者，我作是念：彼西方輸盧那人，賢善智慧，雖於我前兇惡、弊暴、罵毀、辱我，猶尚不以手、石而見打擲。」

佛告富樓那：「彼西方輸盧那人，但兇惡、輕躁、弊暴、罵辱，於汝則可，脫復當以手、石打擲者，當如之何？」富樓那白佛言：「世尊！西方輸盧那人，脫以手、石加於我者，我當念言：輸盧那人，是賢善智慧，雖以手、石加我，而不用刀杖。」

佛告富樓那：「若當彼人，脱以刀杖而加汝者，復當云何？」富樓那白佛言：「世尊！若當彼人，脱以刀杖而加我者，當作是念：彼輸盧那人，賢善智慧，雖以刀杖而加於我，而不見殺。」

佛告富樓那：「假使彼人，脱殺汝者，當如之何？」富樓那白佛言：「世尊！若西方輸盧那人，脱殺我者，當作是念：有諸世尊弟子，當厭患身，或以刀自殺，或服毒藥，或以繩自繫，或投深坑；彼西方輸盧那人，賢善智慧，於我朽敗之身，以少作方便，便得解脱。」

佛言：「善哉！富樓那！汝善學忍辱，汝今堪能於輸盧那人間住止。汝今宜去度於未度，安於未安，未涅槃者令得涅槃。」

爾時富樓那聞佛所説，歡喜隨喜，作禮而去。

●

一般人多以爲聲聞學者唯求自了，不肯涉俗利生，實則並不盡然；聲聞乘中亦有菩薩根機的，如阿難、富樓那等即其中佼佼者。反觀自詡為大乘的我國佛教，「菩薩」精神喪失殆盡：或厭穢忻淨，置此土衆生於不顧；或棄有著空，自以為無衆生可度；更有等而下之的，遇名利則互相奔競，遇外侮則彼此「龜縮」。此豈菩薩精神？菩薩精神埋沒久矣！今請自八十華嚴中錄出數則，加以闡揚。先明菩薩發無下劣心——對治時下衆生的怯弱依附心理：

「普賢言：佛子！菩薩摩訶薩發十種無下劣心。何等為十？佛子！菩薩摩訶薩作如是念：我當降伏一切天魔及其眷屬。是為第一無下劣心。

又作是念：我當悉破一切外道及其邪法。是為第二無下劣心。

又作是念：我當於一切衆生善言開諭，皆令歡喜。是為第三無下劣心。

又作是念：我當成滿遍法界一切波羅密行。是為第四無下劣心。

又作是念：我當積集一切福德藏。是為第五無下劣心。

又作是念：無上菩提廣大難成，我當修行悉令圓滿。是為第六無下劣心。

又作是念：我當以無上教化，無上調伏，教化、調伏一切衆生。是爲第七無下劣心。

又作是念：一切世界種種不同，我當以無量身成等正覺。是爲第八無下劣心。

又作是念：我修菩薩行時，若有衆生來從我乞手、足、耳、鼻、血、肉、骨、髓、妻、子、象、馬，乃至王位，如是一切悉皆能捨，不生一念憂悔之心；但爲利益一切衆生，不求果報，以大悲爲首，大慈究竟。是爲第九無下劣心。

又作是念：三世所有一切諸佛，一切佛法，一切衆生，一切國土，一切世間，一切三世，一切虛空界，一切法界，一切語言施設界，一切寂滅涅槃界——如是一切種種諸法，我當以一念相應慧，悉知、悉覺、悉見、悉證、悉修、悉斷，然於其中：無分別、離分別、無種種差別、無功德、無境界、非有非無、非一非二。……是爲第十無下劣心。

佛子！是爲菩薩摩訶薩發十種無下劣心。若諸菩薩安住此心，則得一切最上無下劣佛法。」（卷五五離世間品）

次明菩薩忍辱負重，不以衆生剛强難調生退屈心——勸請現今宏揚佛法的善知識莫退初心：

「金剛幢菩薩告諸菩薩言……設有衆生於菩薩所起怨害心，菩薩亦以慈眼視之，終無恚怒，普爲衆生作善知識，演說正法，令其修習。譬如大海，一切衆毒不能變壞，菩薩亦爾，一切愚蒙無有智慧，不知恩德，瞋恨、頑毒、憍慢自大，其心盲瞽，不識善法——如是等類諸惡衆生種種逼惱，無能動亂。……常爲利益一切衆生而修善法，曾不誤起捨衆生心；不以衆生其性弊惡，邪見瞋濁，難可調伏，便即棄捨不修迴向。但以菩薩大願甲冑而自莊嚴，救護衆生，恒無退轉。不以衆生不知報恩，退菩薩行，捨菩提道。不以凡愚共同一處捨離一

切如實善根，不以衆生數起過惡難可忍受，而於彼所生疲厭心。」（卷二三、十迴向品）

第三明菩薩雖了達諸法空寂，而悲心轉增——明佛法是最積極的：爲對治當前佛教「空」病的聖藥。

「普賢言：佛子！菩薩摩訶薩知佛不可得，菩提不可得，菩薩不可得，一切法不可得，衆生不可得，心不可得，行不可得，過去不可得，未來不可得，現在不可得，一切世間不可得，有爲無爲不可得——菩薩如是寂靜住、甚深住、寂滅住、無諍住、無言住、無二住、無等住、自性住、如理住、解脫住、涅槃住、實際住，而亦不捨一切大願，不捨薩婆若心，不捨菩薩行，不捨教化衆生，不捨諸波羅密，不捨調伏衆生，不捨承事諸佛，不捨演説諸法，不捨莊嚴世界。

「何以故？菩薩摩訶薩發大願故，雖復了達一切法相，大慈悲心轉更增長，無量功德皆具修行，於諸衆生心不捨離，何以故？一切諸法皆無所有，凡夫愚迷不知不覺，我當令彼悉得開悟，於諸法性分明照了，何以故？一切諸佛安住寂滅，而以大悲心於諸世間說法教化曾無休息，我今云何而捨大悲？又我先發廣大誓願心，發決定利益一切衆生心，發積集一切善根心，發安住善巧迴向心，發出生甚深智慧心，發含受一切衆生心，發於一切衆生平等心，作真實語，不虛誑語，願與一切衆生無上大法，願不斷一切諸佛種性：今一切衆生未得解脫，未成正覺，未具佛法，大願未滿，云何而欲捨離大悲？

——是爲第十如金剛大乘誓願心。」（卷五五離世間品）

●

右錄聲聞菩薩聖者的境界和願力，一切凡夫外道望塵莫及；何以佛教演變至今，反被世人譏爲消極、迷信？何以某些長老和居士顯得那麼冷漠無情？實在值得痛切反省。

55 沙門不宜聚集財寶

雜阿含卷三十二：時有摩尼珠髻聚落主，來詣佛所，稽首佛足，退坐一面，白佛言：「世尊！先日國王集諸大臣，共論議言：『云何沙門釋子比丘，自爲受畜金銀寶物，爲淨耶？爲不淨耶？』其中有言：『沙門釋子應受畜金銀寶物。』又復有言：『不應自爲受畜金銀寶物。』世尊！彼言沙門釋子，應自爲受畜金銀寶物者，爲從佛聞？爲自出意說？作是語者，爲隨順法？爲不隨順？爲真實說？爲虛妄說？爲如是說者，得不墮於呵責處耶？」佛告聚落主：「此則妄說，非真實說、非是法說、非隨順說，墮呵責處。所以者何？沙門釋子自爲受畜金銀寶物者，不清淨故！若自爲己受畜金銀寶物者，非沙門法、非釋種子法！」

聚落主白佛言：「奇哉世尊！沙門釋子受畜金銀寶物者，非沙門法，非釋種子法，此真實說。世尊作是說者，增長勝妙，我亦作是說：沙門釋子不應自爲受畜金銀寶物。」佛告聚落主：「若沙門釋子自爲受畜金銀珍寶清淨者，五欲功德悉應清淨。」

摩尼珠髻聚落主聞佛所說，歡喜作禮而去。……

爾時世尊往詣食堂，大衆前坐，坐已，告諸比丘：「……諸比丘！汝等從今日，須木索木、須草索草、須車索車、須作人索作人，愼勿爲己受取金銀種種寶物！」

佛說此經已，諸比丘聞佛所說，歡喜奉行。

●

經文說：「若沙門釋子自爲受畜金銀珍寶清淨者，五欲功德悉應清淨。」財居五欲之首，首須遠離。唐、道宣律師訶斥財色曰：「因色生憍，因財生吝；憍而且吝，雖有餘德，亦不足觀！」出家人聚財尤爲不祥：除了妨道和增長業習外，生前遭到俗人的覬覦，謗聲四起，歿後被人譏爲富僧，議論紛紛；雖有盛德，亦被大打折扣。能離財色，其人道業已成就一半；能離財色，雖曰未學，而足爲人天仰式！

中土習俗不同，要想做到「須木索木、須草索草、須車索車、須作人索作人。」是不可能的，僧尼執持金錢也是時勢所然；在今日提倡不畜金錢是會被人譏爲「唱高調」的。雖然，也要生慚愧心，不多畜，不爲己畜，和不昧因果——如慈航法師的左手來右手去，不留分文，完全用在三寶份上；感得生前生徒環繞，寂後萬人戀慕感恩。

56 消除隔閡，教團為重

增壹阿含卷第三七：（佛臨涅槃）是時世尊告阿難曰：「自今已後，勅諸比丘，不得卿僕相向；大稱尊，小稱賢，相視當如兄弟。自今已後，不得稱父母所作字。」是時阿難白世尊言：「如今諸比丘，當云何自稱名號？」世尊告曰：「若小比丘向大比丘，稱長老；大比丘向小比丘，稱姓字。又諸比丘欲立字者，當依三尊。此是我之教誡。」

●

此種制度，南傳佛教國家至今就沿用不替，宜乎彼方僧團鞏固，很少鬧派系糾紛。而我國則不然，分宗分派，同門的異常親熱，伯叔姑侄，互相稱呼，儼然一大家族。沒有牽連關係的，則顯得比較冷淡，甚至互不合作，和互相牽制。尤有甚者，一些居士，不知皈敬三寶意義，惟知護持皈依師，冷淡其他出家人；忘卻自己是三寶弟子，喜歡以某某寺，或某某山信徒自居，增加紊亂情勢。今日教內的呈現渙散不團結，主要的原因即根源於此！

又畛域觀念也應消除，釋迦世尊示現於印度，歷代祖師誕生於不同的省份，學佛而念念不捨鄉親，則置釋迦佛與歷代祖師於何地？何況佛法講「緣起性空」，講破除我、我所，即世俗有眼光的人也說「四海之内皆兄弟」、「宗教無國界」等。且此種鄉視觀念純出於感情，往往善始而不得善終，實在值得警惕！黃龍死心新禪師一段開示，可謂說得入木三分：「江南人護江南人，廣東人護廣東人，淮南人護淮南人，向北人護向北人，湖南人護湖南人，福建人護福建人，川僧護川僧，浙僧護浙僧；道我鄉人住院我去讚佐他；一朝有個不周，全翻作是非到處說！苦哉！苦哉！」

義大利有位政治家曾說過這麼一句感人的話：「吾無妻，吾以義大利為妻！」彼係一俗人，為了愛國心的驅使，尚能放下一切，將自己的一生奉獻給國家；而吾輩「出塵上士」，旦旦唱三皈依，時時發四宏誓願，如果將自己圉於小圈子裡，不以教團爲重，分人分我，層層束縛，那不但是枉披袈裟，而且也顯得沒有出息。

57

恆遊行與恆一處止

增壹阿含卷二五：爾時世尊告諸比丘：「若有比丘恆一處止，有五非法！云何爲五？於是比丘一處住者：意著屋舍，畏恐人奪；或意著財產，復恐人奪；或多集物，猶如白衣；貪著親親，不欲使人至親家；恆共白衣而相往來。是謂，比丘！一處住人有此五非法。是故，比丘！當求方便勿一處住。……」

「不一處住人有五功德！云何爲五？不貪屋舍，不貪器物，不多集財物，不著親親，不與白衣共相往來。是謂，比丘！不一處住人有此五功德。是故，諸比丘！當求方便，行此五事。如是，諸比丘！當作是學。」

恆一處住，滋長貪痴——今日本省子孫廟的形成、寺產的糾紛、僧格的低落、派系的形成、只顧小廟不顧團體狹隘觀念的養成——可以說無一不是受此影響！故宜深見過患，不一處住和不貪戀自己的小廟。如為了住持正法不得不一處住者，宜生慚愧心，勿縱凡情；嚴防貪染心，勿讓上述不如法的事發生。

●

又：爾時世尊告諸比丘：「長遊行之人有五艱難！云何為五？於是：恆遊行人不誦法教；所誦之教而忘失之；不得定意；已得三昧，復忘失之；聞法不能持。是謂，比丘！多遊行人有此五難。

「比丘，當知！不多遊行人有五功德！云何為五？未曾得法而得；法已得不復忘失；多聞能有所持；能得定意；已得三昧不復失之。是謂，比丘！不多遊行人有此五功德。是故，諸比丘！莫多遊行。如是，諸比丘！當作是學。」

多遊行唐喪光陰，荒廢道業，增加散亂，皓首無歸，爲古德所深呵。故無事宜阿蘭若修習禪定，佛學院研習經教，不貪玩景物，不遊州獵縣；調伏習氣，深加勉强。自然，爲了三寶的事，或爲了參訪知識，遊行是不可免的。

58 道場、知識揀擇四料簡

中阿含卷二十七、林經：爾時世尊告諸比丘：「……彼比丘依此林住；依此林住已，所爲出家學道，欲得沙門義，此義於我不得，學道者所須衣被、飲食、床榻、湯藥、諸生活具，彼一切求索，易不難得。彼比丘應作是觀：『我出家學道不爲衣被故，不爲飲食、床榻、湯藥故，亦不爲諸生活具故；然我依此林住，所爲出家學道，欲得沙門義，此義於我不得，學道者所須衣被、飲食、床榻、湯藥諸生活具，彼一切求索，易不難得。』彼比丘如是觀已，可捨此林去。

「彼比丘依此林住；依此林住已，所爲出家學道，欲得沙門義，此義於我得，學道者所須衣被、飲食、床榻、湯藥、諸生活具，彼一切求索，甚難可得。彼比丘應作是觀：『我出家學道，不爲衣被故，不爲飲食、床榻、湯藥故，亦不爲諸生活具故；然我依此林住，所爲出家學道，欲得沙門義，此義於我得，學道者所須衣被、飲食、床榻、湯藥、諸生活具，彼一切求索，甚難可得。』彼比丘如是觀已，可住此林。

「彼比丘依此林住；依此林住已，所爲出家學道，欲得沙門義，此義於我不得，學道者所須衣被、床榻、湯藥、諸生活具，彼一切求索，甚難可得。彼比丘應作是觀：『我依此林住，所爲出家學道，欲得沙門義，此義於我不得，學道者所須衣被、床榻、湯藥、諸生活具，彼一切求索，甚難可得。』彼比丘如是觀已，即捨此林，夜半而去，莫與彼別。

「彼比丘依此林住；依此林住已，所爲出家學道，欲得沙門義，此義於我得，學道者所須衣被、床榻、湯藥、諸生活具，彼一切求索，易不難得。彼比丘應作是觀：『我依此林住，所爲出家學道，欲得沙門義，此義於我得，學道者所須衣被、床榻、湯藥、諸生活具，彼一切求索，易不難得。』彼比丘作是觀已，依此林住，乃可終身至其命盡。

「如依林住；塚間、村邑、依於人住，亦復如是。」

道場的優劣，關係一個人的道業成就甚大，故應遵循世尊教誡，加以揀擇。又此中「我出家學道不為衣被故，不為飲食、床榻、湯藥故，亦不為諸生活具故。」尤宜三致意焉！

知識的依止，佛同樣有明誨，僧祇律云：「復次有四種阿闍黎：一者無食無法，應不問而去；二者有食無法，應問而去；三者無食有法，雖苦，盡壽不應去；四者有食有法，雖驅遣，盡壽不應去。」末法衆生福薄，德學俱備的善知識寥若晨星；故知識苟有些許長處，即應如犢戀母，不可輕易云離。

59 四衰出家、非法門幸

中阿含卷三十一：拘牢婆王語尊者賴吒和惒羅：「……復次，賴吒和惒羅！有四種衰，謂衰衰故，剃除鬚髮著袈裟衣，至信捨家無家學道。云何爲四？病衰、老衰、財衰、親衰。」

「賴吒和惒羅！云何病衰？或有一人長病疾患，極重甚苦；彼作是念：我長病疾患，極重甚苦，我實有欲，不能行欲，我今寧可剃除鬚髮，著袈裟衣，至信捨家無家學道。彼於後時，以病衰故，剃除鬚髮，著袈裟衣，至信捨家，無家學道。是爲病衰。

「賴吒和惒羅！云何老衰？或有一人年耆根熟，壽過垂訖；彼作是念：我年耆根熟，壽過垂訖，我實有欲，不能行欲，我今寧可剃除鬚髮，著袈裟衣，至信捨家無家學道。彼於後時，以老衰故，剃除鬚髮，著袈裟衣，至信捨家無家學道。是謂老衰。

「賴吒和惒羅！云何財衰？或有一人貧窮無力；彼作是念：我貧窮

無力，我今寧可剃除鬚髮，著袈裟衣，至信捨家無家學道。彼於後時以財衰故，剃除鬚髮，著袈裟衣，至信捨家無家學道。是爲財衰。

「賴吒和羅！云何親衰？或有一人，親里斷種死亡沒盡；彼作是念：我親里斷種死亡沒盡，我今寧可剃除鬚髮，著袈裟衣，至信捨家無家學道。彼於後時以親衰故，剃除鬚髮，著袈裟衣，至信捨家無家學道。是謂親衰。……」

●

無可諱言的，在中土，因右述四衰，而「發心」出家的佔相當比例，影響所及，一變清淨莊嚴、陶鑄賢聖的僧伽藍，而爲衰殘老弱的避難所；法門流弊，一至於此，使人痛心。接引四衰出家，不但沒有「功德」，徒然替法門招謗，此極爲複雜的因果責任，生生世世如影隨形，永遠無法逃避。故此懇禱長老大德，爲己爲法計，勿濫收徒弟，勿濫傳戒法，不要再加重「四衰」包袱；不要將這沈重的包袱，抛給下一代！

60 何等長老，為人愛敬尊重

中阿含卷第五……於是，世尊則於晡時從禪室出，至比丘衆前，敷座而坐，告曰：「白淨！長老比丘爲有幾法，爲諸梵行者愛敬尊重？」尊者白淨白曰：「世尊！長老比丘若有五法，諸梵行者愛敬尊重！云何爲五？

「世尊！長老比丘修習禁戒，守護從解脫，又復善攝威儀禮節，見纖介罪，常懷畏怖，受持學戒。世尊！禁戒長老上尊比丘，爲諸梵行者愛敬尊重。

「復次，世尊！長老比丘廣學多聞，守持不忘，積聚博聞，所謂法者，初善、中善、竟亦善，有義有文，具足清淨，顯現梵行——如是諸法廣學多聞，翫習至千，意所惟觀，明見深達。世尊！多聞長老上尊比丘，爲諸梵行者愛敬尊重。

「復次，世尊！長老比丘得四增上心，現法樂居，易不難得。世尊！禪思長老上尊比丘，爲諸梵行者愛敬尊重。

「復次，世尊！長老比丘修行智慧，觀興衰法，得如是智，聖慧明達，分別曉了，以正盡苦。世尊！智慧長老上尊比丘，爲諸梵行者愛敬尊重。

「復次，世尊！長老比丘諸漏已盡，無復有結，心解脫、慧解脫，於現法中自知自覺，自作證成就遊，生已盡、梵行已立，所作已辦，不更受有，知如真。世尊！漏盡長老上尊比丘，爲諸梵行者愛敬尊重。

「世尊！長老比丘若成就此五法，爲諸梵行者愛敬尊重。」世尊問曰：「白淨！若長老比丘無此五法，當以何義，使諸梵行者愛敬尊重？」尊者白淨白曰：「世尊！若長老比丘無此五法者，更無餘事使諸梵行愛敬尊重。唯以老耄、頭白、齒落，盛壯日衰，身曲腳戾，體重氣上，拄杖而行，肌縮皮緩，皺如麻子，諸根毀熟，顏色醜惡，彼因此故，使諸梵行愛敬尊重！」世尊告曰：「如是！如是！若長老比丘無此五法，更無餘事使諸梵行愛敬尊重！唯以老耄、頭白、齒落，盛壯日衰，身曲腳戾，體重氣上，拄杖而行，肌縮皮緩，皺如麻子，諸根毀熟，顏色醜惡，彼因此故使諸梵行愛敬尊重！」

●

長老比丘若無五法，睹此宜生慚愧，勿恃戒臘（實則名副其實的戒臘亦不易得），趁晚景猶在，併力修持；一則免被後生晚輩輕嫌，二則不辜負出家一場。

至晚輩比丘、比丘尼，以及在家居士，對於有德有學的長老，固然要愛敬尊重，對於不具五法的長老，也不宜一點不放在眼裡；但於有過中求無過，云何有過中求無過？但作是念：此等長老亦頗不易：茹素、獨身、不破重戒，究竟非常人所能呀！又右述經文雖是呵斥懈怠長老，而用意在策勉後學，這一點尤宜注意！

——載覺世旬刊三八四號至四四五號（民57、1、11—58、9、21）——

附錄

1 佛法的真善美

——佛誕節獻辭

真、善、美是人類追求理想的終極目標，但世間無真善美，無怪乎很多人追求、嚮往，而終有一種可望不可即的感覺。佛法，是暗路的明燈，苦海中的慈航，在他一度被人淡忘之後，目前又漸漸被有識之士所激賞。君不見，西洋人士掀起學「禪」的浪潮，和發出「光明來自東方」的呼聲？際此釋迦世尊誕生二千五百一十五年前夕，個人謹就一己所見，略略抒發佛法中的真善美，作爲紀念此位偉大教主的誕生，和供吾敬愛的中華同胞抉擇。

何謂真？ 佛法中的四聖諦爲真。四聖諦解開人生的迷惘，和指導人們趨向清淨解脫、朗然大覺的境界。四聖諦是釋迦牟尼佛六年苦行，最後於菩提樹下體會得到的宇宙人生真理，此一真理亙古不變，依之而行，皆能得到解脫。四聖諦是：

苦（世間果）：生苦、老苦、病苦、死苦、愛別離苦、怨憎會苦、求不得苦、五蘊熾盛苦。——毫不隱諱的指出人生真相。

集（世間因）：指出苦的原因，是由於內心的煩惱纏縛。煩惱主要的爲貪、瞋、癡、慢、邪見等。由於無明的覆蓋，遂有不可樂五蘊身心——色、受、想、行、識——的顯現。

滅（出世間果）：煩惱滅除後的覺悟境界；喻如夢醒遠離一切夢想顛倒，又如烏雲消散，日光普照一樣，即通常所說的「五蘊皆空」。此種境界真實不虛，佛菩薩及得道高僧皆曾證得。佛家術語通常稱作涅槃，玄奘大師譯爲圓寂。

道（出世間因）：趨向涅槃的道路。法門無量，有五停心觀，卅七道品等。主要爲八正道：八正道是正見、正思惟、正業、正語、正命、正精進、正念、正定。

何謂善？ 佛法中的五戒、十善、六度、四無量心爲善。

五戒是：

不殺生

不偷盜

不邪淫

不妄語

不飲酒

佛教的五戒與儒家五常相脗合。即不殺爲仁，不盜爲義，不邪淫爲禮，不妄語爲信，不飲酒近於智。

十善即：

不殺生

不偷盜

不邪淫

不妄語

不兩舌

不惡口

不綺語

不貪欲

不瞋恚

不愚癡

此十善在佛家說，是人格的基本表現，而在一般世俗來看，即有高不可攀的感覺。

六度爲

布施對治慳貪

持戒對治毀犯

忍辱對治瞋恚

精進對治懈怠

禪定對治散亂

般若對治愚癡

四無量心是：

慈

悲

喜

拾

六度四無量心是大乘行者修菩薩道的主要課程。為了拔濟衆生，荷負正法，和邁向佛道，捨頭目腦髓，難行能行，所謂衆生無恩於菩薩，菩薩常思利益於衆生，「菩薩心腸」使人肅然起敬。

何謂美？ 佛教的人間淨土為美，十方佛國為美，涅槃境界為美。即：

依佛教五戒、十善薰陶下，和樂融洽的人間淨土，謂之美。

依佛菩薩願力，和衆生清淨業力成就的佛國，謂之美。

依聖教四諦、十二因緣、六度萬行，勤修而斷惑證真所安住的常、樂、我、淨涅槃境界為美。

上來信筆而寫，略顯凌亂。要而言之，佛法的真善美是互相攝入的，真中有美善，美善中有真，佛法是圓融無礙的，是湛然不動的。從來睿智之士，聽聞佛法，無不傾心折服，甚至拋棄榮華富貴，割捨妻子恩愛，做一個釋迦牟尼的追隨者——出家為僧，無他，佛法的真善美，使其做此毅然的抉擇！

廿世紀是突飛猛進的時代，一切不可能的事均變爲可能！諸如人類登陸月球，人體器官可以隨意更換，在在使人驚異讚嘆！但皮之不存毛將焉附？於自己心性不明白，終歸捨本求末，終難免與無常苦空之嘆！不見古人於悟道後說：『若人識得心，大地無寸土。』六祖慧能於明心見性後說：『何期自性本自清淨，何期自性本不生滅，何期自性本自具足，何期自性本無動搖，何期自性能生萬法。』這是一種甚麼境界？吾人豈可置而不顧？我中華民族，是世界上優秀的民族，祖先留給我們豐富的遺產，待我們整理發揚，豈可終日尾隨洋人之後，自暴自棄，顯得可憐兮兮？值此釋尊誕世二千五百一十五年前夕，和西洋人士逐漸重視東方文化之時，略略草此數語，就正於同胞之前。

（載民國六十年四月八日民聲日報）

2 獅頭山的弘法標語

「人能弘道，非道弘人」，佛教教義翻迷啓悟，亙古不變，最爲積極勇猛，由於佛弟子對弘法不熱誠，或雖熱誠而說理不契機、不得其法，結果引起社會很多人士的誤解，在他們心目中，反將佛教誤認爲是消極、迷信、落伍，和齋公齋婆信奉的宗教，此一觀念不改變，對佛教發展是一個很大障礙，我們佛弟子也覺臉上無光抬不起頭。目前教內大德似漸已注意及此，紛紛借重廣播、報紙、雜誌、書刊，和舉辦齋戒會、夏令營等等展開弘法工作，漸漸替佛教帶來一線曙光！最近獅頭山元光寺也做了一件頗爲有意義的工作，以極少代價發揮極大力量，於扭轉社會人士對佛教誤解，和促進社會和諧，改善不良風氣，頗能發生潛移默化功用——此一工作即是張掛弘法標語。目前本省觀光寺廟極多，張掛標語運動如能展開，對於正法的弘揚，將有很大幫助。現在謹將此次標語的內容，分類錄寫於後，供熱心宏法人士參考，所謂拋磚引玉，或能引起教界的重視，則佛教幸甚！

一、修養類

大部份爲修心養性，敦品勵德方面。這類標語多爲古德先賢的藥石之言，雖未必弘揚佛法而與佛理極爲接近，既可免除讀者的枯燥之感，又可爲入佛之階漸，故較多錄：

風流得意之事，一過輒生悲涼；
清真寂寞之鄉，愈久轉增意味。——菜根談

憂則天地皆窄，怨則到處爲仇，
哀則自己束縛，怒則大敵當頭。——福壽緣

人有拂鬱，先用一忍字，後用一忘字，便是調神和氣湯。——倪文節

心刻者壽必促，心慈者壽必長。——勸善要言

完名美節不宜獨任，分些與人，可以遠害全身；
辱行污名不宜全推，引些歸己，可以韜光養德。——菜根談

博厚悠久之道，寬大受福之基，

說話莫佔便宜，銀錢要學喫虧。——聶其杰

開口動舌無益於人，戒之莫言；

舉心動念無益於人，戒之莫起；

舉足動步無益於人，戒之莫行。——高峯禪師

靜為天地本，

動合聖賢心。——闕名

學者萬病，只一個靜字治得。——呂新吾

心中無一物，其大浩然無涯。——湯文正

輕浮二字是子弟百惡之根。——張履祥

學一分退讓，討一分便宜；

增一分享用，減一分福澤。——格言聯璧

討了人事的便宜，必受天道的虧；

貪了世味的滋益，必招性分的損。——菜根談

老來疾痛，都是壯時落的！

衰後怨孽，都是盛時作的！——呂近溪

求肉體上愉快，則日趨鄙俗；
求精神上愉快，則自然高明。——養生要訣

凡人壞品敗名，錢財佔了八分。——願體集

留福與兒孫，何必定黃金白鏹；
積德為產業，有勝於美宅良田。——格言聯璧

造物所忌，曰刻曰巧；
萬類相感，以誠以忠。——格言聯璧

如何短折亡身：出薄言，作薄事，存薄心，種種皆薄。
如何凶災惡死：多陰毒，積陰私，有陰行，事事皆陰。
——希夷心相編

二、勸孝篇

慈父之恩，高如山王；
慈母之恩，深似大海。——心地觀經

盡孝勿辭勞，轉眼便為人父母；
行仁休望報，回頭且看你兒孫。——勸孝文

大丈夫七尺身材，愛父母尤當愛國家；

好女人兩重責任，孝父母尤要孝翁姑。——勸孝文

三、戒殺護生類

誰道羣生性命微，哺雛覓食故飛飛；

勸君莫打三春鳥，子在巢中望母歸。——白居易

一指納沸湯，渾身驚欲裂。一針刺己肉，遍體如刀割。魚死向人哀，雞死臨刀泣。哀泣各分明，聽者自不識。——周思義

凡無心肝之人，對於他類之痛苦災難而無感覺者，必不僅以動物為限，對於人類亦必乏同情之感。——英・麥當那

要正視宇宙和真理面目，正應該愛那最卑劣的生物如愛自己一般。——甘地

將不能言語又無抵抗之動物，擯於道德仁慈之外，不能為完全文明。——英・維多利亞女皇

以殘忍為提振精神之怪癖而行畋獵者，乃惡魔也。

——蕭伯納

明哲之人，必恤其獸。——所羅門

惟不食肉之人，方爲言行一致之真實慈善家。

——美・特雷音

四、名人讚揚佛教類

佛學廣矣、大矣、深矣、微矣，切於人事，徵於實用，實天地間最高尚圓滿，深切著明之學説也。——梁啓超

佛教以犧牲爲主義，救濟衆生。——孫中山

各宗教中我所贊成的是佛教。——羅素

佛瞿曇的根本教義，乃極簡單明晰，與近世觀念最相合，爲自古迄今最銳利理智之成功。（按：此段文字略有縮減。原譯文爲——佛瞿曇之福音：瞿曇根本教義，由今研究其原本所得乃知極簡單明晰，且與近世觀念最相合。其爲自古迄今最銳利理智之成功，蓋不待辯也。）——名史學家威爾斯

五、古德開示法語

紅塵堆裡學山居，寂滅身心道有餘，
但得胸中憎愛盡，不學參禪亦工夫。——高峯禪師

溪聲盡是廣長舌，
山色無非清淨身。——蘇東坡

畏寒時欲夏，苦熱復思冬，
妄想能消滅，安身處處同。——蓮池大師

莫愛風光無限好，
此身猶是未歸人！——闕名

日暮而途遠，吾生已蹉跎，
旦夕清淨心，但念阿彌陀。——白居易

法性本來空寂，因果絲毫不少，
自作還是自受，誰也替你不了。——慈航法師

何期自性本自清淨，何期自性本不生滅，
何期自性本自具足，何期自性本無動搖，
何期自性能生萬法。——六祖悟道語

六、警惕無常類——宜掛於塔的週圍

積聚皆銷散，崇高必墮落，
合會終別離，有命咸歸死。——有部律

莫把庭花類此身，庭花落後猶逢春，
此身一往知何處，三界茫茫愁殺人。——龍牙密禪師

一旦無常到，方知夢裡人，
萬般帶不去，唯有業隨身。——闕名

過後方知前事錯，老來纔覺少年非，
莫待老來方學道，孤墳多是少年人。——闕名

諸行無常，是生滅法，
生滅滅已，寂滅爲樂。——大涅槃經

淨極光通達，寂照含虛空，
卻來觀世間，猶如夢中事。——楞嚴經

七、佛教教義介紹類

不殺生，不偷盜，不邪淫，不妄語，不兩舌，不惡口，不綺

語，不貪欲，不瞋恚，不愚癡。——佛門十善

禮義廉恥，國之四維；
慈悲喜捨，佛之四心。——蓮池大師

布施對治慳貪，持戒對治毀犯，
忍辱對治瞋恚，精進對治懈怠，
禪定對治散亂，般若對治愚癡。——佛家六度

眾生無邊誓願度，煩惱無盡誓願斷，
法門無量誓願學，佛道無上誓願成。——四弘誓願。

柔軟語，甘露語，不誑語，真實語，廣大語，甚深語，堅固語，正直語，種種語，開悟一切眾生語。——華嚴經菩薩十種語

大悲心，大慈心，安樂心，饒益心，哀愍心，無著心，廣大心，無邊心，無垢心，清淨心，大智心。——華嚴經菩薩十一心

無病第一利，知足第一富，

善友第一親，涅槃第一樂。——大莊嚴論

害人得害，行怨得怨，
罵人得罵，擊人得擊。——出曜經

忍爲世間最，忍是安樂道，
忍爲離孤獨，賢聖所欣樂。——大集經

布施者得福，慈心者無怨，
爲善者銷惡，離欲者無惱。——長阿含經

莫輕小惡，以爲無殃；水滴雖微，漸盈大器；
凡罪充滿，從小積成。——法句經

莫輕小善，以爲無福；水滴雖微，漸盈大器；
凡福充滿，從纖纖積。——法句經

南無觀世音菩薩
念念勿生疑，觀世音淨聖，
於苦惱死厄，能爲作依怙——法華經普門品

右錄共六十首。其中有幾首比較特出和感人，可多寫兩張置於不同的地方，供遊客種善根和增加他們的印象。元光寺此次製的標語，是用鐵皮製成，長三臺尺，寬七寸，綠底白字，黃底黑字，油漆和書法俱屬上乘，清新醒目非常美觀。

社會上現在正推行著好人好事，期使好人出頭；佛教界固然需要大法師，大居士們的大吹法螺，護持正法，而一些人不求名達，關心正法安危，默默的獻出一己力量，尤爲難能可貴；參與此次「發心」工作的有性梵、傳悔、開松、德宏諸法師和魏榕居士（後出家爲僧，法名慈雲）。

（載民國六十年「菩提樹」刊二二四期）

3

「名山警言」讀後感

中央日報專欄作家露莎女士，於七月十九日在該報「現代家庭」版刊出了一篇短文「名山警言」，讀後不勝欣喜；露莎女士穎悟的見解和對佛教的友善，躍然在短短的數百字中。現在將全文照錄於後，供諸同道共賞：

『在獅頭山的大樹上，到處釘著警言名句，使人抬頭一見，立刻產生一種懍惕之心。

其中我最欣賞的，有下列二則：

「憂則天地皆窄，怨則到處為仇，

哀則自己束縛，怒則大敵當頭。」

是人，難免有七情六慾。處順境，固然喜樂之時多，一旦遇到逆境，則憂、怨、哀、怒交相迭起，霎時間天地的確似乎縮小到只容一人。憂愁將自己層層束縛起來，所看到的也就事事不順眼，自然到處成仇敵了。

參悟了這層道理，定會勘破重重蔽障，而使心境復歸平靜，縱處逆境也能順受了。

「風流得意之事，一過輒生悲涼；

清真寂寞之鄉，愈久轉增意味。」

這幾句使我腦際立刻浮現，一個輝煌的劇院，名伶的演出，使之全場爆滿，一曲終了，掌聲有如轟雷，此時固然達到風流得意之頂峯，但緊接而來的，卻是人散之後，臺階寂寂，果皮紙屑，遍地凌亂的景象。

反觀此間寺庵的僧尼，他們雖然是終年與泥塑、木雕爲伍，聽金鐘、石磬、木魚單調的音響。可是細察他們，見人莫不面帶笑容，舉止親切自然，予人怡然自得的印象。這股意味，那裡是繁華的都市所能尋到覓得？』

看完這篇小方塊後，我想大家都會對露莎女士生起欽敬之意；真是愛人者人恆愛之，敬人者人恆敬之，露莎女士已獲得千千萬萬佛教徒的友誼。

由於這篇短文，連帶更生起一些感想，略略抒發於後：

一、世間需要佛法滋潤。華嚴經說：佛法無人說，雖慧莫能了。我們亟應將佛法用通俗淺易的方法向社會推展。世間上沈湎於五欲的人固然很多，但也有不少睿智之士，嚮往真理，在暗中摸索，當他們一旦發現佛法，將有如黑暗中陡見光明，苦海中遇到慈航，其欣喜是不可名狀的。弘法之途多端，而張釘標語不失為一個很好的方法。獅頭山此次張釘弘法標語，的確收到若干效果；遊客們有的默默欣賞，有的出聲誦讀，也有的用筆記本抄錄，對僧尼的態度，也顯得友善多了！至如露莎女士肯將這些標語摘載到一流的刊物上，尤見此一惠而不費的弘法工作，並沒有白做！菩提樹二二四期集有弘法標語六十則，可供熱心弘法人士參考。

二佛教需要知識份子。往昔世尊將入涅槃，將護持佛法付囑國王大臣，今日政體改制，知識份子已取得昔日國王大臣的地位，能夠引導他們信佛，即可收到風行草偃，事半功倍的效果！如果我們仍抱著舊觀點，不重視接引知識份子，則要想宏揚佛法，無異南轅北轍！同時，佛教是智信的宗教，如大智度論說的：但信不名爲信，智慧知已方名爲信。知識份子多數求真，不肯盲從，他們一旦對佛教起信仰，即不易動搖。知識份子又多具有披沙揀金的能力；如不久前，中央日報副刊作者文壽先生，在談論佛理時，雖偶將名相弄錯，誤把彌陀當彌勒，但見解正確，能抓住中心思想；又如露莎女士對佛學似沒有多大研究，而所體會到的無常、苦、空道理，與佛法極爲接近。老實說，一些學佛多年，專門依文解義，在名相上鑽牛角尖的人，與他們比較起來，是要自嘆弗如的！

三、我們要養成敦厚正直的品格。不敦厚正直的人開口即喜譏刺人，怕硬欺軟唯權勢是附，這種人最可鄙，我們佛教吃這種人的虧也最大。譬如月前陳某在臺灣日報發表的那篇「破廟裡的女人」，對僧尼極盡刻薄挖苦之能事，損人又損己，我們佛教徒要做爲借鑑，千萬不要犯上那種毛病。敦厚正直的人則不然：敦厚故，隱惡揚善處處替人著想；正直故，急公好義，言所當言。敦厚正直的人，處處受人歡迎。這是我看過「名山警言」後的第三點感想。

（載民國六十年八月一日覺世旬刊）

4 如何制止報紙謗佛誣僧

——由緬境華僑不幸處境談起

最近在中央日報國際版看到了一則報導，報導中說我留緬僑胞處境艱辛，緬政府小題大做，華僑隨時隨地有被驅逐出境的可能；緬境報紙更是嫉視華僑，時時找華僑麻煩，一瓶洋酒可以渲染成天大的事。華僑求援無門，除了含淚「忍」下去外，別無他法。回頭看看我們佛教目前的處境，覺得頗有些相像的地方。

但我們畢竟是幸運得多：憲法賦予我們信仰自由；政府也不歧視我們；佛教界也有力量抵制某些報紙的無理誹謗。佛教所受的不平待遇，想賢明的政府會替我們作主；以下但就如何制止報紙謗佛誣僧，略抒一己之見：

首先，要找出謗佛的根源：何以報紙時有不利於佛教的報導？何以某些新聞記者要無中生有，揑造事實來詆毀佛教？歸納起來約有四點：第一點是生意眼在作祟，某些報館爲了爭取銷路，不顧新聞道德，或根據道聽途說大肆渲染，或憑空杜撰寫些駭人聽聞的事，其目的無非在吸引讀者，推廣銷路。（某些報紙虛構基隆省立醫院，和尚胃手術開出牛排，尼姑檢查身體發現懷孕六月；即其一例）社會上被這些新聞記者所冤枉的人不勝枚舉，「僧尼」只不過是被害者之一。第二、很可能是異教徒在興風作浪；他們收買報館，供給「資料」；或者本身是新聞記者，是編輯，利用職權之便，對佛教施以或明或暗的打擊。第三、是某些新聞記者或編輯，對佛教不瞭解，誤認爲佛教是落伍的，是消極的，是分利的，沒有存在的必要，因此遇到與佛教有牽涉的事件時，便借題發揮，張冠李戴，批評上一頓。第四、是確有少數佛教徒行爲失檢，被新聞記者採訪到了，據實報導。

謗佛根源既經找出，我們便要謀對策了。這可分爲事前的防範，和謗佛事件發生時的處置。事有緩急，請先談謗佛事件發生時的處置——分四個步驟進行：一、讀者投書：用婉轉的語氣，指出報導失實的地方，希望報社更正；最低限度以後不再發生類似事情。這讀者投書的工作，須要大家「發心」，不要存「人家會做」的想法。二、拒訂報紙：如果報館依然故我，不肯接受我們正當的要求，那就進一步聯絡各寺廟，和聯絡信徒，信徒的親友，以及社會上有正義感的人士，拒絕訂閱該報報紙，這也得要羣策羣力，不要心存「不在乎我這一份」。三、打官司：這可分爲筆戰和循法律解決。筆戰即運用教界刊物與該報理論；聯絡社會上有正義感的報刊給我們聲援；在報刊上刊登廣告否認不實報導等。循法律解決即延聘律師控告該報館誹謗。四、組織金剛團對付：萬一該報館「神通廣大」，上述辦法都行不通時，那就迫不得已，只有組織「金剛團」興師問罪，「應以執金剛神得度者，即現執金剛神而爲說法」，在必要時我們要發揮「金剛怒目」的精神。記得慈航法師在世時，即曾倡議組織「金剛團」，對付惡劣分子。上述四個辦法，非「團結」不爲力，最好設立一個委員會，專司其事。

現在請談事前的防範。這須從三方面努力：首先，我們要努力傳播教義，而傳播的對象宜以知識分子爲主，因爲知識分子是社會的領導者，他們能接近佛教，則謗佛誣僧之風立戢。不過對知識分子説法，要注意到觀機逗教，切忌「按著牛頭吃草，不吃也要吃」，一味對他們説那些被他們認爲是「迷信」、「神秘」的話，那樣只有加深誤解。其次我們要致力於宗教與宗教間的和諧相處，莫傷和氣。異教徒中傷，污蠛我們，如果我們起而反擊，必將引致社會的紊亂。希望他教教徒也能注意到這一點。宗教都是以濟世爲目的，是可以和諧共處的。如果一定要競爭，那要出於光明正大——慈善事業的競爭，教義優劣的競爭。第三方面是佛教徒本身的自律。報紙刊物無根據的誹謗，我們可以制止，如果我們本身不爭氣，做出不名譽的事，授人以把柄，則我們又能奈人何？豈不眼睜睜的受人奚落和譏罵？尤其一些「冒服」僧尼，品行惡劣，影響佛教聲譽至鉅，佛教會應研對策，不讓他們混跡清淨僧團。

又右述謗佛事件發生時的處置四個步驟，也可以説主要是對付那些生意眼作祟，喜歡渲染的報刊，兼制止外道，謗佛者的「渾水摸魚」。事前防範的三方面努力，在求本身的健全，消除外界對佛教的隔閡，求根本上的解決。昔人有云：忠厚、人不忍欺；精明、人不能欺；强悍、人不敢欺。欲制止報紙謗佛誣僧，須朝這三方面努力。

（載民國五八年「菩提樹」一九七期）

5 我們要做護法的金剛

六月五日有位信徒到山上小住，帶來一份當日的臺灣日報，順手瀏覽，當翻到副刊版時，有一標題「破廟裡的女人」小說體裁文章，很引人注目，當即一口氣把它看完，那是一篇有損佛教清譽的文章，雖說沒有指著和尚尼姑的鼻子駡，但極易混淆視聽使人發生錯覺。梵網經說，若佛子聞一謗佛音聲，如三百矛刺心。於是即草擬了一篇「讀『破廟裡的女人』有感」的辯白文章，於六月八日以掛號信寄到臺中大里鄉臺灣日報社，要求刊登。爲了爭取時效，復與臺中民聲日報醒世週刊社取得聯繫：如果臺灣日報遲不刊出，則該文就在民聲日報登載。還好，臺灣日報總算能站在公正的立場，於六月十四日將拙稿披露了。雖然該文由於篇幅關係略被刪減，文末並有「編者的話」，說明編者決不畏懼耶教歧視佛教，「破廟裡的女人」只是揭露某些敗類而非影射全體僧尼——但只要能轉移讀者對佛教的誤解，其他則不必計較。編者站在他的立場，爲他的刊物和他的作者説幾句話，是無可厚非的。

報紙、電視、廣播，是現代三大新聞媒介，影響力非常之大，我們決不能容忍這些新聞媒介爲謗佛之徒所利用；如果在這方面忽略，則我們辛辛苦苦點點滴滴所積成的宏法效果，將完全付諸東流！真所謂百年積之而不足，一旦毀之而有餘。在此謹誠懇的呼籲我四衆弟子：第一我們要檢束身心，不要授人以把柄；第二我們要愛護聖教，凡發現報章刊物等對佛教有惡意中傷，指桑罵槐情事發生，立即起而制止，據理力爭，只要我們引理得當，態度誠懇，當能爲對方所接受；最低限度，以後在編撰或下筆時，會小心些。末法時代忘恩人多，報恩人少；佛弟子很多是應當忍讓而不忍讓，不應當忍讓而忍讓，以致今日内憂外患重重，如果我們不及早醒悟，前途是堪虞的！

（載民國六〇年七月一日覺世旬刊）

6 讀「破廟裡的女人」有感

六月五日本報副刊版刊出了一篇陳恕軍先生的大作「破廟裡的女人」。陳先生「煞費苦心」，在不到二千字的文章中，將和尚尼姑描寫成刻薄寡恩，見錢眼開勢利諂曲的人。文中的「肥肥胖胖頭上光禿」的「師媽」（影射尼姑）假借神意斂財，自己住好房子，讓菩薩住破廟，最後由一個小孩子點破，使得那位經常跑廟而樂善好施的信徒，信心消失，「回頭望了一望那座破廟，拉著小照子儘快地往家裡跑。」陳先生用意至爲明顯，使世人鄙夷和尚尼姑，遠離佛教。

寫文章最貴有真實感，不能憑一己意氣用事，刻意描繪，那樣被有識之士看了，只是一笑置之而已！陳先生沒有看到通衢大道林野山間，那些建築得富麗堂皇的寺廟宮觀嗎？何嘗是讓菩薩住破廟呢？陳先生只強調那「肥肥胖胖頭上光禿」的「師媽」勢利斂財，卻沒有看到那些衣衫襤褸，面帶菜色清修苦行的出家人？陳先生用一二不屑之徒影射全體和尚尼姑，隱善揚惡，以偏概全，這是不公平的。

那些到寺廟參拜的信徒，在陳先生筆下都變成極慷慨了，「師媽」的幾句話，使一個信徒捐出了她爲人辛苦洗衣服賺來的工資二百元，不夠，又獻出一枚金戒指；「師媽」的斂財有術，自然另有一番刻劃了。文中又形容僧尼將信徒的錢納入私囊，不明不白：「財旺嫂抬頭四週望了望，真的破爛不堪，可是她心裡奇怪，兩、三年來，她自己捐的錢，也有四五千了，還有比她捐得更多的，大家的捐款合在一起，至少也有十萬元出頭，爲什麼不修建呢？她心裡雖然奇怪，卻不敢說出來，因爲如果說出來，恐怕得罪『師父』！得罪了『師父』，就得罪了菩薩，菩薩會降災禍的。」這點我願意提醒陳先生，寺廟對於信徒的錢是不會不明不白的；陳先生經常逛廟，當可發現寺廟多立有功德碑，上面對於信徒的捐款，有詳細的記載，不但如此，信徒的錢是用來興修大殿，還是建塔、建寮房，乃至裝設水電，都分別說明。至於信徒捐獻給寺廟的款項，除大商家外，一般說來數目是不會很大的，如陳先生形容一個洗衣婦能捐出四、五千，是少有的。

緊接著，陳先生描述寺廟的刻薄吝嗇：「中午，廟裡開了四桌，每桌上有四樣素菜：一盤小白菜，一碗豆腐湯，一盤豆干，一盤豆芽。小照子吃了一片豆乾就吐了出來，窮嚷：『不好吃，沒有鹽！』」這與事實相差多遠！寺廟齋菜的清新可口，凡是嚐過的人都會讚揚兩句，陳先生要這樣寫，無非要加深人們的印象：和尚尼姑只知伸手向信徒要錢，連最起碼的開支，都捨不得用。陳先生，大部分的僧尼都是刻己待人的，他們把身心獻給衆生，獻給佛教；他們吃的是欠油鹽的青菜豆腐，吃遊客、信徒留下的剩飯剩菜，倒是事實！

陳先生擅於寫文章，常常在有意無意中諷刺和尚尼姑，挖苦和尚尼姑，指桑駡槐，陳先生或自以爲得意，殊不知「文如其人」，在有識之士看來，只顯出作者爲人不公正，有偏心，和不夠厚道。陳先生果爾不滿佛教，應當在根本上著手，比如佛教教義的研究等等。捨此不求，只知在枝末上吹毛求疵，是無法遏阻佛教發展的。

我們的這個社會，顯然有欠健全：善妒、幸災樂禍，欺軟怕硬；如果這篇「破廟裡的女人」是用來影射基督教的牧師或天主教的神父、修女，我想作者必定會猶豫再三，報館的編輯也不會輕易讓其發表，但是他的對象是講究「忍辱」的佛教，是手無縛雞之力的和尚尼姑，故作者編者也就無所顧忌了。這種風氣在社會上彌漫開來，社會上將充滿自私、冷酷、傾軋、紛擾和鄉愿思想！在國際上彌漫開來，國與國間將是互相猜忌，只講利害，不顧道義！此風不可長，甚望身爲領導階級的知識分子，尤其是報刊雜誌的撰稿人和編輯先生，能負起這種移風易俗的責任。

（載民國六〇年六月十四日臺灣日報）

7 作如是因得如是果

——為陳錫卿等惋惜

台北觀音山凌雲禪寺因住持遴選問題，受到官僚、劣紳的介入，纏訟數年不休，影響佛教聲譽至鉅，因爲文評論，此爲最後一篇。

陳錫卿先生在省民政廳長任內最失策的一件事，要算是處置觀音山凌雲禪寺住持糾紛，未能善盡職守，引起軒然大波。由於陳先生没有注意到情、理、法，一味的支持聖定，卒將一件極易解決，而且可以博得民衆感戴的事，轉變爲羣情憤慨，輿論譁然！現在事實證明：吃虧最大的還是陳錫卿本人；陳錫卿已成了衆矢之的。

說陳錫卿已成爲衆矢之的並不爲過：陳先生極力「提拔」聖定，而聖定偏不爭氣，頻鬧緋色新聞，最後攜款二百餘萬溜之大吉，可謂丟盡陳錫卿等的臉。——此其一。聖定鬧醜事和攜款遁逃時，社會人士對佛教界頗多譏嘲責難，以後真相漸白，大家對佛教漸表同情，而將焦點集中在陳錫卿身上——此其二。部份佛教徒和社會人士，起先以爲政府歧視佛教，非法干預民間團體，以後經過報紙和教內刊物披露，始知是陳錫卿濫用職權，假公濟私，與政府無關，這筆帳也就記在陳錫卿身上——此其三。現在政府整飭吏治，首重廉能，如果陳某確有非法行爲，勢必引起政府注意——此其四。今人多不信因果，然因果何曾饒過誰？陳先生要慢慢嚐到苦果了。

然上述猶是陳先生目前窘境，還有幾點陳錫卿要引爲終生憾事：

一、毀了聖定前途：古人說：君子愛人以德。聖定無德無學又未受戒，陳錫卿應該知道得很清楚，但陳先生力排衆議，任命他爲「代理住侍」；以後迭傳毆鬥、緋色新聞，甚至某家晚報將他的情書公佈，陳先生仍然無動於衷，繼昇聖定爲「正式住侍」。聖定是被陳錫卿驕縱壞了；我們可以肯定的說：如非陳先生當初極力「提拔」聖定，聖定決不會落得今日身敗名裂下場！

二、××晚景堪哀：××和僧團作對，今後勢將處處遭受白眼！這固然是他咎由自取，但當初如非倚仗陳某的權勢，何致如此猖狂？——此所謂愛之適足以害之。××也會抱怨陳錫卿的。

三、與佛教徒結怨：誠如趙亮杰先生所說的：一個政府官員或報館編輯跟宗教團體作對是不長眼睛的！陳先生！您知道一個虔敬的佛教徒對於他所信奉的宗教，熱愛到了什麼程度？老實告訴陳先生，誰要是試圖破壞佛教，誰就跟佛教徒結下「不共載天之仇」！陳先生！您更不要忽視佛教徒的潛在力量，真是人不分男女老少，地不分亞美歐非，彼此是息息相關的，是牽一髮動全身的。您不要以爲佛教好欺侮；您要知道，千千萬萬佛教徒，不論與您相識或不相識，不論是海內海外，都已對您留下了「深刻印象」！

四、難向後人交代：政府官吏在古時稱之爲「民之父母」，在近代曰「人民公僕」。不論是民之父母或人民公僕，總要給後人懷念，給後人歌功頌德才是。今人一提起國父孫中山先生，一提起聖雄甘地，都會肅然起敬——因爲他們施與人民恩澤太深了啊！又如陳副總統已逝世有年了，但每年到泰山墓園致哀思的不知凡幾，很多農民甚至遠從屏東、花蓮趕來憑弔，低首徘徊，不忍離去。又如前任省主席黃杰政績昭著，任滿榮陞國防部長，省民贈送賀匾鳴放鞭炮何其熱鬧！陳先生，這方面您要感到慚愧的。

往者已矣，來者可追。我們並非有意找陳錫卿先生的過錯，而是向他剖陳利害，希望他向公理正義低頭。先賢說：天大的過錯，抵不上一個悔字。佛經也說：有二人無罪！一向來不造惡；二造已能悔。佛教是無諍的，是講冤家宜解不宜結的。但這得陳先生拿出勇氣，引咎自責，向佛教界說幾句賠不是的話。在這裡我們要鄭重聲明的：觀音山聖定事件要負責任的，不止是陳錫卿一人；凡是參與的人，都逃不掉上述因果報應，希望這些人也能懺悔，引咎自責；在這個時代，任何人都要向公理正義低頭！

（載民國五八年十二月十五日獅子吼月刊）

8 批評文章的商榷

佛教內憂外患頻起，有心之人起而高聲大呼，或對教外那些謗佛誣僧之徒猛烈抨擊，或對教內不良制度、冒牌僧人予以無情鞭撻，一反過去暮氣沈沈麻木不仁不聞不問的態度，這些都是佛教復興的朕兆，值得鼓舞歡欣！惟一件事貴乎中道，過分消沉和過分激動，均非佛教之福；言論過激，如脫韁之馬，名爲振興佛教剷除腐化，而實替佛教帶來困擾。個人認爲寫批評文章時須注意以下四點：

一、出於善意的諫議而非爲瞋煩惱所驅使　換句話說：出發點要善。佛教本無諍，其所以要諍者，是爲了闡揚真理宏揚佛法，止惡行善不使衆生造惡業。故執筆者要具有公平正直慈悲憐憫的心腸；任何是非、人我都不應涉及。

二、要顧大體而不意氣用事　即國家至上、佛教第一。在自由民主的國度裡，才有信仰自由之可言，故我們要絕對擁護政府，任何親者痛仇者快的語言行動都要避免。對於我們所信仰的宗教——佛教，我們更要有赤忱愛護的心；在外道嚣張，佛教爲外人所誤解的今天，我們更要拋棄私人恩怨，共同爲佛教振興而努力。近來新生報史某謗佛，我佛教四衆弟子起而護法，竟有少數佛弟子在衞道文中挑剔攻訐，致令親痛仇快，這些都是不顧大體的表現，爲人所不諒解。

三、就事論事而不作人身攻擊　佛教以慈悲爲本，佛教徒說話及寫文章均宜帶三分淳厚，尤其在同道中，即使有所批評，也應點到爲止；過分使對方難堪，或企圖把對方鬥倒，不但有傷厚道，也是佛教的一種損失。頗見近期佛刊中，同道中爲了一點小事，互相諍議，不但牽涉到人身攻擊，而且牽涉到團體，甚至不惜以不雅帽子相加，這些都是正信佛教徒所不願見聞的。

四、要義正詞嚴而不尖酸刻薄　何謂尖酸刻薄？如伊川曰：「君子於人，當於有過中求無過，不當於無過中求有過。彼如譏議者，每捨諸長而取一短，捨衆善而言一惡，其居心之刻薄可知矣！」又如語句中帶中傷、挑撥，字句中出現魔、殺、滅、死等等，均是尖酸刻薄的表現，爲我佛弟子所切忌。何謂義正詞嚴？即以理相爭，正氣磅礴，是正人君子對專橫小人一種理智而又勇敢的表現。大體說來，這次史銘謗佛事件，佛教界是做到了這一點。

批評的風氣是需要的，衞道的言論更應當加强，但這需要全體讀者的鼓勵和監督；一個佛刊的作者和編者，是衆生慧命之所繫，所負因果責任比誰都大，修福容易折損福報也快，所謂一言折盡平生福！想到這裡，實應當戰戰兢兢，如臨深淵，如履薄冰，不敢掉以輕心了。

（載民國六十一年一月十五日獅子吼月刊）

9 讀「繫於一念」有感

本稿前曾投寄新生報，該報或有困難，未予刊出，但來信云：史君失察之處，渠將予本月廿三日親自爲文交待。我們對史君並無成見，只要他改變對佛教敵視態度，我們仍願向他伸出友誼之手。（筆者按）

八月廿四日臺灣新生報堅白篇專欄刊出史銘先生的大作「繫於一念」，語調鏗鏘有聲，文體類似檄文，筆鋒指向佛教，慷慨陳詞，對佛教作猛烈抨擊；全文只有八九百字，當我一口氣把它看完後，覺得文字美則美矣，而內容實感貧乏，過於獨斷，和談得不是時候。何以說內容貧乏，過於獨斷呢？這由於史先生對於佛學（包括禪學）認識不夠，由於認識不夠，或褒或貶，總難令人心悅誠服。何以說談得不是時候呢？現在國難當頭，正需要全國一致團結共同奮鬥打破難關的時候，縱有困難或意見分歧，也應心平氣和謀求解決，甚不應在官營大報上，對對方破口大罵；尤其是對全國人民的主要信仰——佛教，像史先生的這樣謾罵，徒使人發生反感，起分化人心作用；所謂未見其利先見其弊！竊爲史先生不取。

現在謹就右述觀感加以縷述，並逐段辨正史先生的「檄文」；算是對史君的一種答覆和「回敬」。

我說史先生對佛學沒有研究，並不含有絲毫輕慢的意思在內，凡是稍有佛學基礎的人即可一目了然。史先生不但沒有對佛經作直接的探討，即間接的吸收也嫌不夠；史先生在第一段文內曾引證梁啓超的話，想是對梁啓超相當崇拜，這裡我願提醒史先生可以看看梁氏鉅著「佛學研究十八篇」；史先生或沒有時間，這裡謹錄一段梁啓超對佛學的評語，供史君參考：「佛學廣矣、大矣、深矣、微矣，切於人事，徵於實用，實天地間最高尚圓滿、深切著明之學說也！」史先生果曾涉獵過佛經，或在間接吸收方面下過功夫，就不會說外行話了！

史先生說：「我看真正禪學（佛學），最初看它是哲學，最後看它是文學。用哲學觀點論，它翻來覆去逃不出儒家、道家的圈子。用文學眼光談，也只是個古典浪漫派而已。」（第二段）史先生喜歡讀歷史，應當知道南北朝隋唐是佛學最盛時代，全國第一流人才皆傾心於佛學，所謂「儒家淡薄，收拾不住，皆歸釋氏焉！」是最好的寫照。再放眼曠觀世界，自東徂西，研究佛學已蔚成風氣。邢光祖先生在中副發表過一篇「禪在美國」，指出美國知名學者都對禪致極高敬意。這種情形不但美國如此，歐洲、美洲和日本都是一樣。風氣所趨，國內也不例外：今年高雄縣大樹鄉佛光山舉辦大專佛學夏令營，報名的人數多達五千餘人。佛學果如史先生所說的「它翻來覆去逃不出儒家、道家的圈子？」「只是個古典浪漫派而已？」希望史先生放棄狹儒之見；須知世界如許廣闊，故步自封，自大自狂，在今日已不相宜了！

史先生開口我如何，閉口我如何，發表許多自以爲是的論調，他說：「平淡的禪學，爲什麼被人視爲神秘深幽？更爲什麼有「野狐禪」、「口頭禪」以至於我所厭惡的「現代禪」。原因出在許多哲學家、文學家、政治家和往日土豪劣紳的野心家，利用了禪，醜化了佛。」（第三段）其實這問題很簡單，並不如史君所說的那麼嚴重。禪只是自心，平淡無奇，明白了自心，也即見到了禪！其所以有「野狐禪」、「口頭禪」、「現代禪」等等，只是學人在學禪時走了偏差的狀況，按上種種名目；禪本身沒有過錯。

右述是辨正史先生對佛學的誤解。俗語說隔行如隔山：「强不知以爲知」史君要引爲大戒！「多聞闕疑」本是學者應有的態度；一個人能不恥下問，能虛心請益，對己對人都是有益的。

以下引證的文章，漸趨激烈；此時此地而說這些話，實在不相宜。他說：「我們歷史上幸虧有北魏的太武帝，北周的武帝，唐朝的武宗，痛貶佛徒，橫掃寺觀，使中國得免沈淪於「禪國」或「佛國」之禍。」（第四段）「禪國」或「佛國」果真是禍嗎？泰國、日本不是佛教徒佔大多數嗎？他們不是過著令人羨慕的生活嗎？不是一樣的高度工業化嗎？史先生似乎對封建時代專制帝王壓迫宗教的暴舉，很爲欣賞和嚮往，但請史君注意，佛教即使在上述帝王摧殘之下，仍然興盛不衰，何況是廿世紀的今天？君不見，越南吳廷琰壓迫佛教的下場？請史銘先生少發表這些危言聳聽的言論！

史先生爲表示道不孤，必有鄰，特別拉韓愈來壯聲勢，他說：「我們的唸書人中，幸虧有韓愈一流的大丈夫，不惜高官巨祿，反對迎佛骨案，被降謫而不悔。」（第四段）。殊不知一件事，有贊成的一面，必然有反對的一面；但少數人畢竟不能代表多數人！記得有位名學者在談論這問題時，曾說：「韓愈雖反對佛教，玄奘大師往印度取經也在唐代，文學上與他齊名的柳宗元很信佛，唐代大詩人白居易也很信佛，比韓愈前一個時代的大文豪謝靈運、劉勰也很信佛，比他後一個時代的蘇軾也很信佛。」近代名學者胡適博士，他不信佛，但他很客觀的譽玄奘大師爲第一流人才，韓愈則被貶爲第三等。右述這些話，希望能對史先生起一些啓發作用。

梁啓超先生說：「佛教之信仰乃智信而非迷信，乃積極而非消極，乃入世而非厭世。」可是在史銘先生的筆下，佛教卻被按上種種罪名，他說：「最最能使人消滅革命性的就是佛（禪），南北朝的人民之所以寫下怯懦、畏縮、逃避現實的頹廢史頁，一言以蔽之：佛之害也！」（第五段）這真是信口開河！一個國家興衰有他種種原因：日本明治維新得力於禪宗精神和王陽明學說；唐朝天威遠震，也正是佛教最興盛的時候；聽說總統每天都要靜坐，故睿智神思，精力過人。反觀卅八年神州沈淪時，軍民所表現的怯弱、畏縮、逃避現實，這是大家所有目共睹的；憑史先生良心說：這都是些什麼因素造成的！

佛教似乎很不見容於史先生，他不惜用最激烈的字眼相加：「毛共誘惑青年的法子很多，誰敢保證赤色思想戰中沒有用禪來消滅我們鬥志的可能？今天，國族生死，繫於一念：一念而情緒激昂，慷慨赴義，則國興；一念而無是無非，迎空禪思，則國危！」（第六段）又說：「我們是民主國家，人人有信或念的自由；我無意扼殺別人的自由。但我反對在敵人的心戰下以『佛』自許，我反對在敵人的屠刀下以『禪』自況。」（第七段）這真是欲加之罪，何患無辭！請史先生指出佛教教義何處規定或暗示信徒「在敵人心戰下以『佛』自許」，「在敵人的屠刀下以『禪』自況」？並請史君指出例子，那些佛教徒曾聲言

「在敵人的心戰下以『佛』自許」，「在敵人的屠刀下以『禪』自況」？史君又是根據什麼經典或語錄，說禪是「無是無非，迎空禪思」？如果史先生不能明白交待清楚，史先生仍然是妨害他人「信或念的自由」，仍然是「扼殺別人的自由」；這種妨害或扼殺別人的自由，在民主國家是不許可的！在這裡我願意正告史先生：民主國家最大的特色是容忍，佛教屹立於世已二千五百餘年，必定有他存在的價值；禪能風靡歐美，也正是我們中國人的光榮，史先生沒有理由加以排擠和敵視。史君切莫誤解禪是「無是無非，迎空禪思」；須知真正對禪有瞭解的人，必是血性男兒；他對他個人的是非得失可以不計，但對他的國家、對他所信仰的宗教，則保有一顆赤忱忠誠的心；任何人對他國家對他宗教凌辱，他必定起而抗拒！史先生不用擔憂禪會消滅我們的鬥志，而應當體念時艱，慎防敵人在用種種方法離間我們政府和人民之間的感情！

「繫於一念」全文共七段，已一一辨正，到此爲止。這篇文章發表在新生報，不啻佛頭著糞，帶累新生報；希望該報主其事者，今後在審稿方面，切莫大意，包括專欄作家在內。這是些附帶的話。

（載民國六十年十月一日覺世旬刊）

10 評正周埊君的反佛論調和對禪的誤解

大學雜誌六十五期，刊出周埊寫的反佛文章：「評鈴木大拙『禪與生活』並論佛教」，內容無稽，態度傲慢，令人歎爲觀止。周某對佛學常識略識之無，輒行謾罵，本來可當作風吹蛙鳴，不予理會，但既在知名度很高，銷路頗廣的大學雜誌上刊出，不無混淆視聽作用，特略略辨明，尚希該刊編者鑒察指正，並作周某今後治學態度上的參考。

周埊君對佛教空無所知，涉獵了幾本近人佛學著作，斷章取義，摻雜己意，如何若何，洋洋灑灑發揮了將近萬字，對佛教進行無情的抨擊。先看他結論的一段文：

「這篇評論是反佛教的。從歷史背景看佛教，它是一個產生於野蠻敗破的環境中的一種悲觀懦弱消極怕死的宗教。它的實踐是一種行屍主義。在哲學上它是個完全空、一切空、畢竟空的文字魔術，『到頭來一場空』。在對社會的影響上，它帶來了中國無數的妖魔鬼怪和迷信，嚴重地阻礙了社會的進步和科學的發展。」

老實說：像周埅這種歪曲無根據論調，已經構成法律問題，佛教會應當循法律途徑，控告周埅的文字誹謗。

周埅的萬言反佛論調中，廢話嫌多，一一辨正，徒費筆墨，但舉其重要的，加以評正。

一、對涅槃、無念的錯解

且看周埅對涅槃和無念的解釋：「所謂涅槃，本意寂滅，不生，是一種和死屍一樣，受想全滅，身口意三業休止的狀態。」「禪的絕對自由，也就是它那種『無念』的行屍狀態。在這樣的狀態裡，有無不存在了，理性感覺不存在了，善惡法律人世間不存在了，時空都不存在了。除了行屍走肉，實在沒有恰當的話可以描述。」聽周埅口氣，好像他已體證到涅槃，對涅槃的含義已沒有疑問了。周先生，隔行如隔山，不要强不知以爲知，徒爲識者所恥笑。爲使周某對涅槃體性有正確認識，謹錄幾則先德法語加以闡明。涅槃，此云不生，乃煩惱不生，妄念不起，朗然大覺的一種境界。譬如雲消空朗，漚滅歸海，盡滅生死過患，見到自己本具的靈知覺性。傳心法要云：

「此靈覺性，無始以來，與虛空同壽，未曾生未曾滅，未曾有未曾無，未曾穢未曾淨，未曾喧未曾寂，未曾少未曾老，無方所無內外，無數量無形相，無色緣無音聲，不可覓不不可求，不可以智識解不可以言語取，不可以景物會不可以功用到。諸佛菩薩與一切蠢動衆生同大涅槃性。」

迷爲衆生，悟爲諸佛，周堃不知涅槃爲何，不達妄盡真顯的道理，故有「和死屍一樣」的錯解。

此涅槃性具常、樂、我、淨四德，在前面法語中，可以見到常德和淨德，下面舉一譬喻，重要是顯揚我德：

「汝今欲得出他五蘊身田主宰，但識取汝秘密金剛體。古人向汝道圓成正徧徧周沙界，我今少分爲汝智者可以譬喻得解：汝見閻浮提日麼？世間人所作與營養身活命種種作業，莫非承他日光成立，只如日體還有多般及心行麼？還有不周遍處麼？欲識取金剛體亦如是！只如今山河大地十方國土色空明暗及汝身心，莫非盡承汝圓成威光所現；直是天人羣生類所作業次受生果報有性無情，莫非承汝威光，乃至諸佛成道成果接物利生，莫非盡承汝威光——只如金剛體還有凡夫諸佛麼？有汝心行麼？汝既有如是奇特：會麼？努力珍重。」（玄沙師備禪師開示）

周君如能瞭解這個譬喻，就不會恐懼什麼都沒有了，就會相信鈴木說的「禪欣喜於無限自由，因爲禪就是自由」，說的沒錯。下面再舉證一位得道高僧述說他悟道後內心欣悅狀態——亦即是樂德：

「一片凝然光燦爛，擬意追尋卒難見，炳然擲著豁人情，大事分明皆總辦。是快活，無繫絆，萬兩黃金終不換，任他千聖出頭來，從是向渠影中現！」（華嚴處真禪師）

從上面幾段法語，可見涅槃是多麼崇高境界，但在周某筆下卻被形容爲死屍狀態，文人無行無學，一致於此。

二、周堃歪曲史實

周堃在佛教產生的社會和歷史背景一章中說：「佛教始祖釋迦誕生於西元前第六世紀。當時印度正處在種姓制度奴隸社會的衰敗時期。割據的城主武士間，互相殺伐戰爭掠奪，有如中國東漢末年及十六國的情狀，是一個極端黑暗痛苦的時代。在那種人命如蟻，朝不保夕的環境中，加上印度社會的落後野蠻，當然不會產生樂觀積極進取奮鬥的哲學。出現的自然是悲觀消極專求出世超生的宗教。玄奘說：九十六道，並欲超生，師承有滯，遂淪諸有。即指當時婆羅門求超生的『外道』多達九十六重。試看這些宗教的名目：例如自餓、投淵、赴火、自墜的苦修法，和學雞以一足獨立的雞戒，學狗食人糞的狗戒（達磨就曾玩過這種赴火及臥釘板的把戲），就可以看出這種社會黑暗到什麼地步，野蠻到什麼地步。佛教就產生在這樣一種社會和精神的背景之中。」

看他這樣寫法與事實有多大差距！西元前第五、六世紀是人類思想史極爲發達的時期，蘇格拉底、釋迦、孔子相繼崛起於西方、印度、中國，所謂風雲際會，聖賢輩出。在印度當時九十六種外道競興，著名的六師外道：富蘭那迦葉、末伽黎拘賒黎、刪闍夜毗羅胝、阿耆多翅舍廿欽婆羅、迦羅鳩馱迦旃延、尼犍陀若提子，都具有很深的哲學基礎，周君所指的自餓、投淵等只是苦行外道的一部份，不要以偏概全。（周某指達磨赴火臥釘板，筆者學佛有年聞所未聞，不知周某據何而說）周堃引玄奘「九十六道，並欲超生，師承有滯，遂淪諸有人」，文意未盡，請看原文「中書馬周曰：『西域有道如老莊不？』奘曰：『九十六道並欲超生，師承有滯致淪諸有。至如順世四大之術、冥初六諦之宗，東夏所未言也！若翻老序（叩齒咽液之序）則恐彼以爲笑林。』遂不譯之。」（續高僧傳卷四）參看原文，即知印度學術發達，玄奘大師只肯譯老子五千言，叩齒咽液其事鄙陋，不肯譯之。周堃如何不知反省，反說他人野蠻黑暗？至「當時印度正處在種姓制度奴隸社會的衰敗時期。割據的城主武士間，互相殺伐戰爭掠奪。」這個並不妨礙學術的發揚，有時反而更能激起波浪！西元前第六世紀在我國也正是互相殺伐，封建專制的春秋戰國時期，但學術空前發達，百家齊鳴，蔚爲奇觀；我國如此，印度何獨不然。瞭解了當時時代背景，印度學術繁興，佛教的興起，乃是因緣際會，理所當然。鄙意如此，周某以爲如何？

周埜對佛教作有系統的污衊，他說：「這樣名符其實的行屍哲學，就是佛教的根本精神和最高境界！這樣懦弱痲痺的思想也只有在奴隸制度的印度種姓社會才產生，也只有在極端痛苦的環境裡才能得到傳播。」「這樣的佛教，乘著東漢末年的大混亂大災難，在中國開始流傳起來了。」「它對中國民族兩千年來的麻醉與毒害，遠甚於歐洲黑暗時代的天主教。這種宗教迷信的廣布，帶來了印度野蠻社會裡的神佛鬼怪，菩薩妖魔，地獄裡刀山油鍋毒蛇猛獸。把一個樸實自然沒有怪力亂神的朗朗乾坤，污染成遍地鬼域。佛教的宿命論和迷信，兩千年來嚴重地摧殘了中國科學精神和技術發展的可能性。印度這種落後的、反科學的、反理性的迷信對於中國社會制度的進步和科學發展的毒害是無法估計的。」周埜不顧史實，逞己臆說，將佛教形容的比洪水猛獸還要厲害，似此强調奪理，市井無賴式的漫駡，本可不加理會，爲防混淆視聽，姑且說幾句。佛教於東漢明帝永平年間傳入中國，真正鼎盛時期是在南北朝隋唐。在南北朝，佛教的三世因果論，撫慰了兵禍相連飽經離亂的人心；佛教的慈悲和平主義，使外來的異族，稍戢其兇悍之性，保全了無數漢族生命財產。在隋唐，尤其是唐貞觀年間，由於玄奘大師的取經回國，使佛教信仰達到高潮，佛教的大乘八宗，真正完成正是在這個時期。佛教的涅槃思想開闊了中國思想境界，佛教的五戒十善，六度四攝四無量心，深深的打動了中國人心，佛教的因果報應和輪迴說，使人心向善，知道今生的不幸，由於夙昔的不善，欲求未來的圓滿，有待於現在的努力。至於佛教對我國文學、美術等等的貢獻，猶是餘事，不須細論。

周堃說佛教的宿命論和迷信，兩千年來嚴重地摧殘了中國科學和技術發展的可能性。周先生，佛教講三世因果論，不是宿命論，佛是梵音，此翻覺者，與迷信恰恰相反。周某說佛教阻礙科學和技術的發展，這又是周某的張冠李戴，這裡我們無須和周某細論，但請他睜眼看鄰國日本，日本的佛教，以現況來說比我國隆盛多多矣，而日本的科學技術現居國際地位怎樣？

周塑說佛教的牛鬼蛇神，使我國成爲遍地鬼域，這又是無知加歪曲的說法，請周先生到佛寺裡走走，除了慈悲莊嚴的佛菩薩像外，那來牛鬼蛇神？希望周先生勿將清淨肅穆的佛地形容成遍地鬼域！希望周先生分清神佛，勿將玉皇、媽祖、城隍、土地，這些民間信仰，認定隸屬於佛教。周先生既然要抨擊宗教，理當對宗教有個基本認識，分清多神、一神、無神等的宗教層次及宗教境界，豈可信口開河，加人罪名？

三、四禪八定和滅盡定

周塑在原始佛教的禪中，舉四禪八定而漏掉滅盡定不言，是一大錯誤。四禪八定在佛未出世時，諸外道輩已在修習，非釋迦佛首創。四禪八定不究竟，定盡還墮，必須入滅盡定（爲佛教獨有）才能證得涅槃。如周塑所說謂之捨本取末。

四、漸修與頓悟

周堃說：「釋迦所說的禪定與頓悟毫無關係，是一種漸修法。頓悟是南宗創始人慧能所創的觀念。」首先我們先請周君認清何爲頓悟？何爲漸修？頓悟是就真如隨緣不變說，直指人心，顯真以離妄，諸凡機鋒、棒喝、呵佛罵祖（周某不知呵佛罵祖用意，卻屢屢引證破壞佛教）都是要人體會當下一念。此法門爲利根人修習。漸修是就真如不變隨緣說，泯妄以顯真，依戒定慧遞次而進，下手工夫雖不同，最終點的境界是一樣。佛祖歷代通載：「神秀入寂，中書令張說爲制碑：忘念以息想，極力以攝心，其入也品均凡聖，其到也行無前後，趣定之前，萬緣盡閉，發慧之後，一切皆如。（下略）」說得很明白。頓悟非如周某所說的創自南宗慧能，而是源自釋加佛，釋迦牟尼佛在菩提樹下夜睹明星豁然大悟是頓悟（漸修頓悟）的創始。經中常記載，世尊說法，比丘聞解，不起於座，而得漏盡。「不起於座，而得漏盡」即是頓悟的說明。又禪錄載，二祖慧可向初祖達磨求法：我心未寧，乞師與安。達磨曰：將心來與汝安。曰：覓心了不可得。達磨曰：與汝安心竟。似此對答，非直指人心法門乎！三祖僧璨『信心銘』開頭即云：至道無難，唯嫌揀擇，但莫憎愛，洞然明白。也是叫人當下體會。至六祖得法源自五祖，六祖本人也勸人誦持金剛經，曰可以明心見性。凡此均可證明頓悟非創自南宗慧能。禮云：記憶之言，不足以為人師。周某不但不憑記憶，全憑臆測，故有此失。

五、莫須有罪名

周埅說：「（南宗禪教和印度禪教）而且儘管都談一切空，對於俗世的廟院、田產、奴婢、財產、名位、權勢都是一切不放鬆。」「它最後發展了強大的僧侶制度組織，奪取了其他支派的寺廟莊園和政治上的根據地，取得了唯我獨尊的地位。」「兩千五百年的佛教經典教訓，不過是無數僧侶禪師的為保持其俗世廟產、奴婢、權勢、名聲在空無中建立起來的海市蜃樓。億萬卷佛經，不過是文字堆砌成的迷幻寶塔。」

周堃的話越來越偏激，他在文字中不止一次的提到宗教是鴉片煙，周某對這句話似很欣賞，周君難道不知道「宗教是人民的鴉片煙」是誰喊的口號？未免太肆無忌憚了！周君危言聳聽，加宗教莫須有的罪名，周君在那裡發現禪教和其他宗派擁有政治根據地？希望周某有話明說，不要影射中傷。周堃對佛教的廟院田產似乎很放不下，何不建議政府對佛教另訂法律，强迫他們交出！周某對佛經極盡污衊之能事，在周某眼中，譯經最多，宏法最力的玄奘大師，當是落後野蠻的標幟，周先生似可倡議關閉日月潭的玄奘寺，移走總統蔣公讚揚玄奘大師的「國之瓌寶」匾額，如何？

鐘鼎山林人各有志，有的注重現世安樂，有的對生死問題感到關切；嚴格的說，後者比前者還來得意義深長而重大！周堃眼光短淺，不肯內省，恣意反對他人信仰宗教；反對也要有個反對的態度，如周某對佛教基本常識尚付闕如，即行論斷，即行詆毀，能爲對方接受嗎？須知世間並非人盡可欺，一旦對方以理相詰，不是啞口無言嗎？不是自討沒趣嗎？「言人之不善，其如後患何！」古有明訓，周堃其慎言！

（載民國六十二年「海潮音」刊第五四卷十月號）

「法海點滴」書後

謝冰瑩

在我没有拜讀惟明法師的「法海點滴」大作之前，早已久仰他的學識，和苦修的精神。他過去曾以不同的筆名在「獅子吼」、「覺世」、「菩提樹」等佛教刊物上，發表有關教理及護教方面的許多文章，簡潔流利，精闢周到，令我敬佩萬分！

通常我們形容佛法有如一座寶山，一個人到了寶山，空手而回，或是僅揀拾一些石頭瓦塊之類回家，是很可惜的。無可諱言，三藏經典，固然是佛菩薩金口所說的；但由於說法對象不同，理有淺深，又經過長期流傳，夾雜後人的附會，僞經的滲雜，而呈現著五花八門現象；如没有「擇法眼」，是很難挖掘到金玉鑽石之類寶物的。

在「法海點滴」裡，有惟明法師的讀經札記，學佛心得，學禪研究，内容豐富，很多都是發揮第一義諦的文章；既没有玄奧艱澀的感覺，也不是一味通俗，可說是深入淺出，容易引起大家共鳴。

「法海點滴」所展現的，正是寶山採掘回來的珍寶，初入佛門的人看了，能辨別真偽，獲得正知正見；對學佛已有基礎的人來說，能更上一層，深霑法益。這是難得的一本好書，如能仔細研讀，能夠開啓智慧，獲益良多。

冰瑩在佛學方面，是個門外漢；在學佛方面，也只是個初起步者，原本計畫從師大退休以後，以全副精神專心學佛；誰知這幾年來，又爲眼疾所苦，不能多讀多寫，因此儘管對於惟明法師的大作，有很多佳句想要引用介紹的，只好請讀者朋友，自己去欣賞了。

最後，我祈望惟明法師繼續發揮「利他」精神，在禪觀之餘，不斷寫出學佛心得，嘉惠讀者，功德無量！

中華民國七十二年四月三日于舊金山。

（載民國七十二年五月二日中央日報　晨鐘）

附語

「法海點滴」四版由弘光印經會、文殊淨心會發起印行。校勘工作由鐘周鵬居士董其事。事竣，鐘居士有感於佛教現狀，雖曰呈中興狀態，但情勢有些紊亂，希望能引幾句佛經祖語，做爲規範和指南。因敬書於後：

四種教誡——佛臨入涅槃，囑咐阿難四事：

一、佛滅度後，弟子輩勿謂無所依怙，應以戒爲師。

二、依四念處修。（四念處即：觀身不淨、觀受是苦、觀心無常、觀法無我。依此修能破五蘊身心，見恢弘法身。）

三、諸經經首安「如是我聞」，以別於外道經典。

四、對惡性比丘以默擯處置。（今世也適用於一些不正信居士。）

三法印和一實相印——諸小乘經若有無常、無我、涅槃三種內涵的，即爲佛說；若無三法印，即爲魔說。諸大乘經若指歸一實相的，即爲佛說；若無實相印者，即是魔說。（以三法印和一實相印鑑定，則附佛法外道無所遁形！）

法四依——一、依法不依人。二、依了義經不依不了義經。三、依義不依語。四、依智不依識。（識、分別，智無分別；依智——般若，可超越科學。）

五乘佛法——一、人乘。二、天乘。三、聲聞乘。四、緣覺乘。五、菩薩乘。（佛法應在上述五乘中求：亦即在因緣果報，體會空理上努力！但今世消災、薦拔大行其道，湮沒佛教本來面目。）

佛弟子如能對右列幾點，努力起觀照，自能辨別邪正，建立正確觀念。八正道中正見爲首；起步若差，則愈趨愈遠，不可不慎！因鐘居士提及，附數語於後，與讀者共勉。

——惟明　民國七十九年六月五日

國家圖書館出版品預行編目資料

生死隨業：惟明法師開示語錄. 1 / 惟明法師著. --
初版. -- 新北市：華夏出版有限公司, 2023.10
面； 公分. -- （惟明法師作品集；001)
ISBN 978-626-7296-67-7（平裝））
1.CST：佛教說法 2.CST：佛教修持

225.4 112012038

惟明法師作品集 001
生死隨業：惟明法師開示語錄 1

著　作　惟明法師
印　刷　百通科技股份有限公司
電話：02-86926066 傳真：02-86926016
出　版　華夏出版有限公司
220 新北市板橋區縣民大道 3 段 93 巷 30 弄 25 號 1 樓
電話：02-32343788 傳真：02-22234544
E-mail：pftwsdom@ms7.hinet.net
總 經 銷　貿騰發賣股份有限公司
新北市 235 中和區立德街 136 號 6 樓
電話：02-82275988 傳真：02-82275989
網址：www.namode.com
版　次　2023 年 10 月初版—刷
特　價　新台幣 480 元（缺頁或破損的書，請寄回更換）

ISBN-13：978-626-7296-67-7